劍與蓮花（上）

The Sword and the Lotus Vol.1

奧修 OSHO 著

李奕廷 Vivek 譯

譯者序

一九八五到一九八六年，奧修進行了一趟喚醒世界的環球之旅，從印度來到了尼泊爾——佛陀的出生地，而佛教在這兒也是第二大宗教。透過本書，我們有幸經驗到奧修與佛教僧侶／信徒們的深奧對答，窺見了未來的宗教方向：

「試著了解佛陀、穆罕默德、耶穌，他們可以是很棒的朋友。他們的建議會有很大的價值，但是把他們當成領袖，當耶穌變成了牧羊人，信徒變成了羊，那情況是醜陋的；完全不人性的⋯我是一個單純平凡的人，跟你們一樣。但我是覺知的，你們沒有。這差異不大——你們可以變成覺知的⋯我可以像個朋友，為你們指出那條路，但你們必須去走。」

第九十六頁

奧修一再的提醒我們：

「生命是一個禮物。它是一個用來學習、察覺各種可能性和經驗的學校。去經歷它們。不要逃走。一旦你經驗過，你就會知道什麼是值得做的，什麼不是。那些沒有任何意義的事會消失，慢慢的，你會變成一個智慧的寶藏。

等到你離開這一世，你不會是兩手空空的，你會是完全滿足的、感激的、感謝存在的。這個感激會變成進入第二個世界的門。」

第一六一頁

意義深遠的、觸動人心的佛陀故事被用來澄清人們對佛陀的誤解——業、性、飲食、物質的追求等：

「能量必須轉變，否則它會拉著你往下落入黑暗，而不是朝著光前進。不要壓抑任何事。

任何自然的就是好的。任何自然的一切，需要全然的接受。

你只需要做一件事：不要反對自然，而是成為一個觀察者。只要觀照一切，吃東西、走路⋯只要保持觀照，你將會驚訝。觀照是轉變的絕對保證，你會看到不同。」

第一九二頁

奧修同時對世界的未來提出了建議：

「這兩件事必須同時發生。第一，反對戰爭的世界性輿論，第二，一個靜心的推動，以便每個人都能變成更整合的、充滿愛的、沒有暴力和憤怒的。

所以雙管齊下，每個關心這個美麗星球、這個巨大宇宙的人⋯這只是個小星球⋯而且是充滿了數十億個行星和數百萬個星球的宇宙中唯一的行星——這個地球——曾經達成了成道的最終經驗。我們不該讓這個地球被摧毀。

這是全宇宙的榮耀和精華。如果這個地球死了，全宇宙也會跟著死了——不再有可能產生任何生命、意識或另一個佛陀。」

第二五九頁

二千五百年過去了，鏡子累積了厚重的灰塵，奧修從各個層面對人們下工夫，一方面智慧的解了人們心靈上的渴、清理人們受到的制約；一方面充滿愛的、不斷的鼓勵人們持續前進，他邀請我們敞開一切，再次與他深入的、心與心的接觸，再次感受所有覺醒者的特質——劍與蓮花。

目錄

第一章
個人的革命

奧修，你要我不要對盲目的人生氣。我不會——我怎麼會？當我看到他們的悲傷和痛苦，我只是感到非常難過。他們累了，我給他們休息的地方。他們渴了，我給他們一杯水。但他們是如此害怕。更別說我要邀請他們回到源頭。鍾愛的師父，我要如何穿過他們的恐懼之牆去接觸他們？

第二個似乎與此相關的問題是：我們怎麼能原諒把你關進監牢的人？

世界是悲傷的，它處於痛苦中。人們的內心承受著很大的痛苦。但你不用為此難過，因為當你難過，你就變成了他們的一份子，你創造了更多的悲傷。那沒有幫助。就像人們病了，你看到他們生病，你自己也病了。你的病無法使他們恢復健康，反而創造更多的疾病。

感受到他們的悲傷不表示你也要跟他們一起悲傷。感受他們的悲傷表示你要去尋找造成他們痛苦和悲慘的原因，幫助他們移除那些原因。同時你必須盡可能保持喜悅，因為你的喜悅將會幫助他們，而不是你的悲傷。你必須是快樂的。應該讓他們知道，在這個悲慘的世界中，快樂仍是可能的。他們已經完全失去希望了，因為他們在每個地方看到的只有悲傷。不管任何事，他們都已經接受悲傷是自然的——你無法做什麼，你必須承受它。

所有的宗教導師都只能安慰他們，給予他們虛假的觀念。好幾世紀來，他們一直使人們是痛苦的，因為他們使人們接受悲慘是生命的一部分。不只如此，他們還使人們的悲傷和痛苦變成某個神聖的狀態。他們一直對人們說：「貧窮的人有福了。」所以他們不只使人們接受生命是悲傷的、對此無能為力，他們還使人們感覺這樣是很棒的、那是某個神聖的、那是神的考驗。

富人無法進入神的王國；只有窮人和痛苦的人可以——將會非常喜悅的迎接他們。他們需要做的只是不要對他們的悲慘大驚小怪——接受它是個偽裝的祝福。如果你持續好幾世紀這麼說，你會毒化人們的心智。但似乎就悲傷而言，他們並不是單獨的；每個人都是悲傷的。事實上，在如此龐大的悲傷人群中，他們不敢是快樂的。

所以如果看到他們悲傷也跟著悲傷並不會有幫助。只是使他們更確信地球上並沒有喜悅，那是某個空想的東西——地球注定是痛苦的。所以只要給他們一個榜樣：「如果我可以是快樂的、歡欣的，那就表示你的愚蠢理論是錯誤的。」

其次，你必須記住：你說你不會生氣，但因為看到他們在悲傷而感到悲傷。有的人遇到這種情況會生氣——他們引起革命、改變社會和國家。但那些革命都失敗了，因為任何來自於憤怒的一切正是來自於無知。那不會創造出真正的改變。因為憤怒所做的改變是不可能變得更好的。

我要你記住一點：悲傷只是顛倒過來的憤怒；兩者並無不同。它是被壓抑的憤怒。如果你分析它，你就會發現。悲傷可以很容易變成憤怒；憤怒可以用同樣的方式變成悲傷。它們並無不同……也許是同一枚硬幣的兩面。所以每當你憤怒，你無法表現出來，情況不允許。因為表現出來太危險了。

例如，小孩對父母感到憤怒，但是他不能表現出來，因為他無法照顧自己、需要依賴。於是他變成悲傷的。他的悲傷是顛倒後的憤怒。同一個小孩如果出去外面會狠狠的踹小狗。他想要踹他的父母，但那太危險了。但是他可以踹狗。他壓抑憤怒，使它變成了悲傷。但是當他外出看到狗，他會開始踹牠。悲傷變成了憤怒。

你曾是一個革命份子。以前你在同樣情況下會感到憤怒——對創造出這麼多痛苦、悲傷和貧窮的整個社會感到憤怒。你曾經憤怒的反對這些組織——政治的、宗教的。你對整個教育系統憤怒，它浪費了時間——幾乎一個人三分之一的生命——卻仍無任何幫助。你曾是憤怒的。

然後你來找我，我說來自於憤怒的一切不會有任何幫助。因為源頭被毒化了，它的果實也一定如此。你了解了；然後你改變你的憤怒，你壓抑它。現在你變成悲傷的，但那是同樣的能量。我使你無法憤怒；現在我使你無法悲傷。我要你是歡樂的。那看起來很尷尬。人們是悲傷痛苦的，而你卻是歡樂的。

我一直因為這樣的教導被全世界譴責。當人們在受苦，你應該要同情他們，加入他們的痛苦；你不該是歡樂的。

當我說保持歡樂的、快樂的、慶祝自己並不是痛苦的、悲傷的，我這樣做是有目的的。就是你必須成為榜樣，提醒那些完全忘掉生命可以是一個慶祝的人。儘管有如此沉重的黑暗，你仍然可以卸下它們，你仍然可以跳舞。黑暗無法阻止你跳舞；它沒有力量。對我而言，這才是真正的幫助。

我要我全世界的桑雅士成為榜樣。當人們看到有這麼多人在慶祝，自然會產生疑問。也許他們接受了錯誤的人生觀，痛苦並不是地球的命運：「似乎不是這樣，因為同樣的地球上有些人仍在慶祝，非常的快樂。」我們必須摧毀他們愚蠢的思想體系，唯一的方式就是不同的生活方式，不和他們一樣；否則你是在支持他們。

第二：這些人之所以悲傷痛苦是因為他們自己選擇的。他們跟隨錯誤的觀念，執著錯誤的觀念。他們不了解他們的思想體系和他們的生命之間的關係。他們不了解是他們的宗教和人生觀創造了使他們成為那樣的人的基礎。

耶穌說每個人都得背著自己的十字架。但為什麼？他不能背著吉他嗎？世界上有這麼多東西，為什麼要選擇十字架？為什麼要背著它？而且當你背著自己的十字架，你要如何跳舞和歡笑？那和十字架是不相配的，而且十字架的重量無法讓你歡笑。

你有看過任何耶穌在微笑的圖片或雕像嗎？他背負著全世界的痛苦。他正在做你在做的：他悲傷是因為世界是悲傷的。但是他的悲傷並未幫助到世界。兩千年過去了——連他的十字架刑都沒幫助，那你背著自己的十字架怎麼會有幫助？連十字架刑都失敗了，所以背自己的十字架是完全愚蠢的。

但人們接受了這些想法。他們把生命的基本原則建立在如此愚蠢的理論上，現在他們發現自己是痛苦的、悲傷的。他們不斷撒下有毒的種子。那誰來收割？顯然，他們也得收割自己種下的一切。

唯一可能的希望來自喜悅的源頭，除非你改變你的基本原則，否則你無法擺脫你的痛苦。造成痛苦的原因不必然是物質面的。我看過快樂的窮人。他們什麼都沒有，但他們沒有把生命建立在錯誤的觀念上。問題是在於你對靈性的了解。是某個超越死亡的嗎？你對靈性的了解是屬於另一個世界的還是這個世界的？

如果你的靈性要死後才會成長，那你活著要做什麼？除了受苦和等待死亡，沒別的了。然後會有各種懷疑升起，因為沒人會在死後回來對你說你相信的一切是對的或錯的。沒有任何證據能告訴你死後會發生什麼事。

等待死亡不會是喜悅的。去生活，你的宗教教導你棄世、要你放棄生命，但那是你能取用的。而喜悅、歡樂和祝福是生命的一部分。它們是充滿生命力的特質，它們是真正生活過所釋放的芬芳。你的宗教要你棄世，那你還能期待什麼？當你棄世，你就放棄了喜樂的可能。

悲傷、痛苦、煩惱：由於你接受了錯誤的思想體系而創造了它們。你一直被教士和政客欺騙。你一直被所有的既得利益者剝削，因為他們想要人們受苦。受苦的人們是容易被奴役的；喜樂、歡欣的人是無法被奴役的。

我想到戴奧尼真斯，曾在這個地球上行走過的其中一個最美的人。他赤裸的生活——他有一個美麗的身體。那是一個把人們當成奴隸在市集裡販賣的時代。

有幾個人口販子看到他躺在河邊。他們非常高興；這個人可以賣很好的價錢。他們賣過很多奴隸，但從沒有過如此健康、比例完美的身體，如此美麗的人。但問題是如何抓住他。他們只有四個人，而他可以對付超過四個人；他會殺了他們。但總得想辦法。

他們躲在樹叢後想了一個計畫——也許等他睡著，他們的計畫就能成功。

戴奧尼真斯聽到了。他說：「別笨了。你們想要什麼？直接告訴我。我不是一個會被奴役的人，但你們看起來如此悲慘，所以我準備跟你們走。」

他們無法相信！

戴奧尼真斯站起來說：「你們跟著我！」

他們到了市集。那是奇怪的情況。他看起來像主人，而他們像奴隸一樣的跟著他。所有市集的人都轉過頭看著戴奧尼真斯。那是一個令人震撼的畫面。他們從未看過這樣的奴隸——「他應該是一個皇帝！」

他站到拍賣奴隸的平台上。看著群眾說：「有一位師父準備要被拍賣。你們裡面有哪個奴隸想要買下一個師父的，站出來。」

一片寂靜。即使在這樣的情況下，戴奧尼真斯也沒表現出任何悲傷痛苦的樣子；相反的，他很享受整個情況！

有個國王起身問了價錢。戴奧尼真斯說：「我是無價的，但你能給多少就給多少，給這四個可憐的傢伙。他們出於慈悲才把我帶到這兒，所以你能給他們多少就給多少。」

國王把錢給了他們，讓戴奧尼真斯坐上馬車，回到他的皇宮。國王對他和他的氣度感到非常印象深刻。他一路上侃侃而談，當他們到了皇宮，國王說：「你不是一個奴隸，你是一個師父。你可以離開了。」

我們一步步的創造出自己的生命，無論發生什麼事在我們身上，不是別人要負責。所以我唯一教導的革命是個人的革命。

做法就是幫助人們了解他們執著的是錯誤的觀念。這個地球可以變成一個天堂，但是你必須忘掉死後要去的天堂。那會造成你的麻煩。這一刻可以變成喜樂的永恆，但是你必須忘記那些教士、救世主和神的化身所作的承諾。

耶穌對他的人說：「我會為了拯救全人類而再來。」有個門徒問他：「什麼時候？」他說：「很快。你們這一世就會看到我。」兩千年過去了——沒有任何耶穌出現的跡象。但這就是他們的策略——把每件事延後到未來。

克理虛納做了同樣的事。他在五千年前說：「我會再來。每當有痛苦、災難、好人被惡人折磨，我就會來拯救你們。這是我的承諾。」

五千年來，他說的一切無時無刻都在發生。好人被折磨，惡人掌權，全人類活在痛苦中——沒有任何克理虛納出現的跡象。但這是個策略，把每件事拖延到某個未知的未來；然後你就無法再詢問，因為那時你已經不在了。

許下某個未來才要做到的承諾是容易的。

我對你承諾的則是當下。

以前沒人這樣做過。許下某個未來兌現的承諾是非常容易的。你不用履行承諾，因為你已經不在了，你也不用負責。我對你們說，我的承諾是屬於當下的，未來並不存在。

所以你必須改變人們的制約。他們在不必要的受苦；他們受苦是因為他們創造了某個模式，造成了現在的他們。你的悲傷對他們沒有幫助。你必須是快樂的、歡欣的。你必須清楚的讓他們知道你說的一切不只是可能的，你已經做到了。如果數千個桑雅士都能做到……

我不認為人們想要是痛苦的，我不認為他們想要受苦，那只是他們被教導去活在痛苦中、沒有別的辦法。

印度教說：「你受苦是因為你過去的業。你過去的惡行——沒人知道是否如此——由於你過去的惡行使你現在受苦。你能做的就是忍耐，不要再有任何惡行，這樣來世就不用再受苦。」現在，印度教的策略是利用過去和未來，剩下當下讓你受苦。過去是因；現在是果。如果你有耐心——那表示你不對你的痛苦做出反應，你不做任何事來對抗你的痛苦，你不相信任何革命性的想法——那麼未來你就會有一個美麗的、喜樂的生命。

沒人知道前世，沒人知道來世。你所擁有的是這一世——受著苦的。他們使你夾在兩個不存在的東西之間。而且他們說得很清楚：要有耐心。那就是為什麼在印度——世界上最古老的文明——從未發生任何窮人反對富人的革命、沒有權力的人對抗當權者的革命。耐心是用於革命的解毒劑。

不要憤怒，因為那會引起革命，不會改變任何事。不要悲傷，因為那只是顛倒的憤怒，你會創造更多悲傷；只會多你一個悲傷的人。

變成喜悅的。人們是悲傷的，而你是快樂的，看起來會不太合理、不太得體、不太禮貌，但禮貌不會有幫助。所以那不是禮貌和得體的問題，重要的是讓悲傷人們的頭腦了解到擺脫悲傷的可能性就是處於此時此刻。

他們會試著用各種方式否定。他們會說：「你一定是在假裝。在這個世界怎麼可能快樂？」他們會說：「你一定是在裝腔作勢。」他們會說：「你一定是瘋了！在這個世界怎麼可能保持清醒而且快樂？」他們會說：「你似乎被催眠了。」他們會有各種說法，只是為了保護他們放在心上的思想體系，卻不知道那是將會進入他們血液中的毒藥。

但你必須反對，清楚的讓他們知道那不是在假裝，不是裝腔作勢；你沒有發瘋，你沒有被催眠。但如果發瘋使人們快樂，那總比痛苦好多了。保持清醒有什麼用？如果催眠可以使人們歡樂，那催眠有什麼錯？你似乎決定要維持是痛苦的；你不想減輕任何痛苦。他們不會對痛苦不滿——保持是痛苦的。但記住，那是你的責任，你造成的。

這是很困難的工作，但必須做到。困難是因為他們的制約已經有好幾千年了。非常深厚，你必須穿越它們，進入他們的心。但那不是不可能。

如果我可以進入數百萬人的心，那你們也可以努力嘗試。而且這是唯一能改變悲傷的方法。只需要有足夠的勇氣，因為那是在和群眾對抗。

我以前念書時有一個很守舊的梵語老師。他非常胖，纏了很大的頭巾。他是梵語老師，一種沒有生氣的語言，他的生活方式也一樣——非常古老的方式。但他也是非常單純的人，所以我們常叫他包勒納斯。意思是呆子。

每次他聽到就會很生氣。在他進教室前，我們常在黑板寫上很大的包勒納斯——呆子之王；那正是它的意思。他會做的第一件事就是擦掉它，然後他會大吵大鬧——我們都很享受整個狀況。

當他死了，在屍體被送到火葬場前，我和父親會去他家裡祭拜。我和他的親友、鄰居都在那兒，他的妻子在屍體被送走前出現了。她跑出房子撲到他身上說：「噢，我的包勒納斯！」

我無法忍住——我從沒想過會有這種事！當一個人死去…即使我們沒想到他的暱稱，但他的妻子撲到他身上並叫他包勒納斯！所以我大笑了。每個人都很驚訝，我父親則很生氣，但他已經無能為力——我已經笑了出來。

他在回家路上說：「我再也不會帶你到任何地方。你不了解嗎？這個人死了。他的妻子在哭，全家都在哀悼，所有親戚都在難過，每個人都很悲傷。你是瘋了還是怎麼？——你居然在笑！」

我說：「你不了解來龍去脈；否則你也會笑。」我把整件事告訴他。

他說：「太好了！還好你沒有告訴我。」

我說：「我知道的是，所有親戚都只是在假裝難過，因為他們從未幫過那個人。當他生病需要吃藥，我會送藥給他。我從你口袋偷錢去買藥。那些親戚從未幫過他。他大哭大鬧的妻子則和某個鄰居談戀愛。事實上，她是他死亡的原因之一，因為那對他而言太過分了。」

「他是很單純的人，無法想像妻子會騙他。所有人都只是在表演。我不認為有誰是真的難過；他們都只是遵循某個遊戲規則。」

我父親說：「不管怎麼說，你也得遵循規則；否則你會使我很尷尬。」

我說：「我不會遵循規則，我只會做我感覺正確的事。如果你無法帶我一起出門，我可以自己去。我也許不會站在你身邊，但大家都知道我是你兒子，所以對我不會有任何影響。沒站在你旁邊，我反而更自在，我剛好可以做我想做的。我是那兒唯一誠實的人；我愛那個老人。我不認為我的笑會傷害一個死人，我也不認為那些演戲的人——他們的悲傷會對死人有幫助。」

我對父親說：「如果你不想感覺尷尬，那你最好不要到這種地方。我會去，我會做任何我想做的，因為我不認為誠實會傷害到任何人；至少無法傷害死人。我是唯一愛他、尊敬他的人。」

我父親想了一會，他說：「也許你是對的——因為我也在假裝悲傷。我和他們家人不熟，和那個人不熟。我去那兒是因為你，因為你是他的學生，不去會不太好。我也在假裝。」

我們必須切除這些做作。你因為看到某人難過而難過。也許他是因為看到別人難過而難過⋯⋯得有某個人走出這團混亂並且誠實的做自己。也許會震撼到其他人，也許會使人們尷尬，但他們遲早會了解。那個了解將會帶來個人的革命。

這是個好機會。當某人在受苦，你可以接近他讓他知道受苦的原因。也許在痛苦中，他能了解痛苦的原因。如果他想要離開痛苦，他可以拋棄那些原因；並沒有人為了他而把那些原因留在那兒。如果他不想離開痛苦，那是他的選擇。但不要小題大作。

這將會反對所有宗教的教導，因為他們說當某人悲傷，你也應該跟著悲傷。那才是人性。我不這麼認為。那是沒有人性的。如果某人在悲傷，你必須摧毀它。

必須以你的快樂開始。快樂有一種傳染性：只要一個快樂的人就能讓群眾大笑。它擁有無窮的力量；我們只需要學著如何使用它。

你的第二個問題：「我們怎麼能原諒把你關進監牢的人？」

我能理解。但是他們做的事並沒有什麼特別，他們只是在重複舊模式。如果他們可以因為指謫蘇格拉底在腐化人們的思想、沒有提出證明就毒死他⋯⋯他是人類歷史上其中一個最偉大的人，他是在提升人們的智慧，不是腐化——但他們仍然毒死他。

如果他們可以殺了曼蘇爾：他沒有傷害任何人。他只是說神不是位於上方的天堂；而是在你裡面，在我裡面。但回教徒無法忍受。如果神不在天堂裡面，那他們的整個宗教體系將會崩塌。那時要向誰祈禱？為誰興建清真寺？那麼教士：甚至穆罕默德是神的使者也成了謊言，因為曼蘇爾說神在每個人裡面，不是某個分開來的東西。一個單純的事實，沒有傷害任何人——但他被殺了。

一個蘇菲神秘家，薩瑪德，在印度被殺了。回教徒有一段祈禱語是：「神只有一個，而穆罕默德是祂唯一的使者。」蘇菲徒沒使用整段話，他們只用了一半：「神只有一個。」然後結束了。

如果你問他們為什麼不使用整段話，他們會說：「因為第二句不對。過去有過很多使者，現在也有很多使者，未來也將會有很多使者。任何了解真理的人都是使者。那不是某人的特權，那是每個人與生俱來的權利。所以我們無法使用另一句話。」

這個故事很美。薩瑪德被帶到德里的賈瑪清真寺，他被問：「你是否答應祈禱時會使用整段話？」

他說：「我怎麼能這麼做？——因為我自己就是使者。」他們砍了他的頭。

在斬首前，他們說：「我們再給你一次機會。」

他說：「不用麻煩——直接砍掉我的頭。但我要告訴你們，即使我的頭被砍掉，它仍會重複說——神只有一個。」故事說他的頭被砍掉，一邊從賈瑪清真寺的台階滾下去一邊大叫：「神只有一個！」

薩瑪德是如此單純美麗的人。他沒有犯任何罪，但情況總是這樣發生。

美國的基督教基要派信徒變得很怕我——我能理解。我是第一個從基督教柵欄中帶走數千個基督教徒的人。

好幾世紀來，基督教徒一直這麼做：從其他宗教帶走數百萬人，把他們變成基督教徒。那一直被認為是偉大的善行。我是他們的第一個挑戰——以前沒人這麼做過。

而那個挑戰變得越來越有意義，因為基督教徒只能讓孤兒、乞丐、最貧窮的人加入。這些加入基督教的人並不關心基督教。他們得到食物、房子、學校、醫院⋯⋯這不是信仰的改變。

對他們傷害非常大的是我帶走他們的精華——不是乞丐、孤兒，而是最棒的頭腦、最年輕的人、最有教養的人、最聰明的人。我帶他們離開了那個柵欄，但我沒有讓他們進入另一個柵欄。我只是讓他們離開監獄，獲得自由，沒有把他們關到另一個監獄。從基督教到印度教，或從基督教到回教——那只是在改變監獄。

這是基督教基要派遇到的困難。雷根自己就是狂熱的基要派信徒。如果這把火的火勢越來越大⋯⋯他們沒有任何可以阻擋它的方法，因為他們無法反對我。所有的論點都站在我這邊。

首先他們試著透過法律摧毀社區，並把我趕出美國。我在美國四年來都沒有簽證。我告訴他們：「你們可以同意或不同意，」但是他們在害怕，如果他們不同意，我就會上法院。

那就不是他們能控制的，會變成一個法律案件。

他們用什麼理由反對？沒有理由，所以他們不會這麼做。而他們也不能同意，因為高層的指示是不能同意。所以四年來，他們犯的罪是讓一個人沒有簽證卻能留在美國。我提出申請了，但他們沒有回應。

他們試了各種法律手段，但是在對抗政府的案件中，我們贏了。他們變得很絕望。透過法律，他們似乎無法成功。所以必須用別的方式，而且必須盡快進行，在我們在他們的國土上落地生根之前。所以他們孤注一擲：沒有任何逮捕令就逮捕我。他們逮捕我的時候沒有提出任何理由。他們不讓我行使聯絡律師的基本權利。他們做盡所有違法的行為。

在夏洛特市，他們逮捕我的地方，離奧勒岡不到六或八小時車程。他們花了十二天走那段路。他們把我關在監獄，沒有經過任何審判——完全違法的。在夏洛特的法院，他們三天來都無法提出任何理由。但美國檢察官仍然堅持不能讓我交保。和我在一起的六個人都交保了，因為案件並不存在。

現在你可以知道他們的手段。和我在飛機上的人都交保了，但針對我，他們不同意交保。他們無法證明我犯了什麼罪，所以他們在訴狀中說因為我可以使用的資金是沒有限制的。而且我有數千個愛我的朋友，如此完全的奉獻給我以致於他們會為我做任何事。如果我被交保：無論我要付多少錢——五百萬、一千萬或一千五百萬——政府都不會接受，因為我會離開美國。

私底下，他們向那個女司法官施壓，而她甚至不是法官。他們賄賂她：「如果妳讓他交保」——這是完全違法的——「就會失去當法官的機會。如果不讓他交保，那妳就有機會成為法官。」

這是獄警告訴我的。他說：「這是完全違法的。我們從未聽過這種事，沒有犯任何罪，把某個人關進監牢，不給予交保。事實是，」他說：「私底下，那個女人被施壓。她沒有勇氣，害怕失去法官提名。」

在那十二天，他們在每個停留的地方說謊，甚至要我簽假名：大衛華盛頓。而且還是美國司法執行官強迫我這麼做！。

到了午夜，他說：「你必須簽這個名字。」

我說：「你是執行法律的官員。是什麼法律讓你有這種想法？你的外套上寫著司法部。至少把外套脫掉——因為這算什麼司法？這不是我的名字。你在強迫我做違法的事。」

他說：「我無法回答你。高層給的指示」——「高層」是指雷根，還會有誰？——「我只是執行者。請不要生我的氣。」

我說：「我沒有生你的氣，我只是對你和你的品格感到驚訝。你沒有任何骨氣。你來簽！」

他說：「如果你不簽，那整晚我都得坐在這兒，你也得坐在這兒。你不能睡覺，我也不能。如果你簽了，那你就可以進牢裡睡覺。」

我說：「我不會填這張表格。我可以整晚坐在這兒，但我不會做任何違法的事。你填好表格。我會簽名。我不想要你整晚醒著。」

於是他填好表格。那是我的計策，他填好表格，這可以當成我沒有填表格的證據。然後我簽了自己的名字。他看著我的簽名說：「你簽的是什麼？」

我說：「一定是大衛華盛頓。你看不出來嗎？」他看著那個簽名——那是印度語；我說：「你會後悔的。我沒有犯任何罪，你不能永遠把我關在監牢。很快全世界都會知道。很可能明天所有的電視頻道和報社都會公布。」

我從機場被送到監獄時，還有另一個女孩也在車上，她當晚就要被釋放。所以我對她說：「只要聽司法執行官和我的對話。妳要被釋放了，外面會有數百個新聞媒體的人。只要把妳聽到的一切告訴他們。只要留神傾聽我和司法執行官的對話。」

她做得很好。當她被釋放後，她立刻告訴新聞媒體，隔天早上六點鐘，全美國都知道了。到了七點，他們只得把我換到別的監獄。

我問那個司法執行官：「怎麼回事？為什麼這麼快又要換監獄？你現在在害怕媒體記者來採訪你自己填寫好的表格，那個你強迫我簽名的表格。但是我簽的是我的名字——不是大衛華盛頓。我的簽名是舉世聞名的，所以你無法隱瞞。」

「而你要我簽假名的原因是什麼？如果你殺了我，就無法查到我在哪兒消失的——我的名字沒有在你的表格上出現：我從未進入監獄過；是大衛華盛頓進了監獄。沒人會懷疑我就是大衛華盛頓，而你明天就可以釋放他。」

那十二天是一個很棒的經驗。我可以發現美國是如何向全世界假裝——它是民主的——都是胡扯、虛偽。跟其他法西斯國家一樣；只是戴上民主的面具。

他們在十二天內讓我換了五個監獄，而且我很驚訝的是沒看到任何白人。每個監獄都有五、六百人⋯都是黑人。很奇怪。我問裡面的人：「怎麼回事？看到監獄裡關的人，似乎美國是黑人國家，或者也許沒有任何白人犯罪。為什麼所有的監獄裡面都是黑人？」

所有人都是年輕人，奇怪的是他們被逮捕的原因跟我一樣，沒有經過任何審判，沒有任何逮捕令，沒有被告知他們為什麼被逮捕。有些人說他們已經在監獄裡等了九個月。而且一直被告知：「快輪到你的案子了」——但那個審判從未來到。

這是完全違反民主的——懲罰一個人，但沒有在法院證明他是有罪的。現在你已經懲罰一個人九個月，而且他可能會被釋放；他沒有犯任何罪。他甚至不知道他做了什麼。我發現原因不是罪行，而是年輕的黑人是叛逆的，他們是危險的。所以用罪行的名義把所有年輕人關到監獄，把他們留在那兒。

十二天後，我被帶到法院。那是最後一個用在我身上的法西斯策略，因為並不存在任何案件。所以美國檢察官很憂慮：現在他們要怎麼在法院交代？於是他們和我的律師談判——在審判開始前要求談判。

他們用各種可能的方式騷擾我十二天：不讓我睡覺；我什麼都不能吃——我的體重少了

八磅。在審判開始前，他們要求談判。而他們提的和解方案是如此狡猾且不人性。

和解內容是：「我們知道羅傑尼西會說他沒有罪，也許他最後會勝訴，但我們不會讓他交保；政府決定不讓他交保。如果他說他無罪，那我們就不會讓他交保。你可以確信如果政府想要的話，它可以讓審判延後十年，然後他會在監獄裡待上十年。」

「他可能會勝訴，但你得知道那將會花上無盡的時間。我們會不斷換法院，我們會不斷拖延，我們會不斷換法官。我們可以做任何事」——他們毫無保留的說了出來。「唯一的方式就是羅傑尼西認罪。那我們就不用經過審判，我們會釋放他。」

我的律師回來了，雙眼充滿淚水——而且他們不是我們的桑雅士，他們是美國最好的律師。但在這十二天中，他們變得非常關心我。有一個也許是世界上其中一個最好的律師，加州大學法學院的院長，彼得謝伊，如此的愛我以致於會到監獄探望我。他說：「我無法在你面前坐在椅子上。我會和你的桑雅士一樣坐在地上。」

他們回來時雙眼充滿淚水：「檢察總長的人提出了這樣的和解方案，我們不能讓你坐十到十二年的牢。而且誰知道他們會做什麼？我們不知道。他們可能會殺了你。你全世界的桑雅士和你的整個運動將會遭到打擊。他們很清楚他們無法勝訴。」

「所以現在他們用了這樣的手段，如果你認罪，他們就會撤案，你會被釋放。也許你有五年無法進入美國。」他們說：「要求你認罪讓我們很難過，因為你沒有罪。我們在這兒是為了幫助你，但我們得到這種你必須接受的和解方案。但最好還是接受以便擺脫這一切；否則我們會無能為力，因為我們不知道他們會做出什麼事。」

了解整個情況後——我的桑雅士在禁食，他們都處於極大的痛苦和煩惱中——我對他們說：「不用擔心，我會同意認罪。我的同意不代表我有罪。一旦我離開法院，我會告訴新聞媒體和全世界，他們就是這樣強迫我的律師：要我同意認罪。」

我同意認罪，我被釋放了。法官完全知道整個談判內容，因為有兩個主張是他們要我認罪的。他們列了二十個主張，但只有兩個是他們要我認罪的。而法官只問了那兩個：「你是否認罪？」那表示他清楚整個談判內容、過程和陰謀。

由於我同意認罪，他開了四十萬美金的罰鍰——而那並不屬於和解方案。所以整件事都是謊言……！他們一定早就計畫好了。法官一定會裁定和解，一旦我認罪，當然法官會裁定罰鍰。他們在談判時完全沒提到。只說我五年內不能進入美國。但這四十萬美金，現在法官可以……

整件事是如此荒謬。首先你要我發誓不能說謊。然後你強迫我說謊，說我有罪。接著你依據這個謊罰了我四十萬美金，而且五年內不能進入美國。

但這樣對他們而言還不夠。當我回去拿我的衣服和其他東西，一樓的人都不見了。我問獄警：「怎麼回事？這兒總是擠滿了你們的人。」

他說：「也許是換班。」

我說：「但之前不是這樣。每天總是會先有人進來交接，然後另一個人才離開。但這兒一個人都沒有；人都不見了。看起來有點怪。」我看到他的額頭在流汗。我說：「你看起來有點緊張。」

他說：「沒有，我沒有緊張。」他把我留在那兒。房間裡面只有他一個人，然後他立刻走掉，把我留在那兒。那個人把裝著我的衣服的箱子給我，他說他要去找他的主管簽名。後來我才知道不需要有任何主管或簽名；只需要我的簽名，證明我拿回我的東西了。

他把門鎖起來，走掉了，然後在十五分鐘後回來——他幾乎在發抖。我拿了衣服，然後他們把門打開——一共有三道電子門。當我到了旅館，新聞報導說我剛剛單獨停留十五分鐘的房間被發現有顆炸彈。也許他們無法控制時間，因為不確定法院何時會釋放我；我提早離開了。

由於沒有審判、沒有辯論，我只是同意認罪。法官裁定罰鍰，整個案子在兩分鐘內結束。所以也許他們的時間是依據法院，而法院會在五點關門。他們一定是在三點到達那個房間，兩個小時前，但他們無法讓我在那兒坐兩個小時。

除了官方，沒有人可以把炸彈放在候客室裡。那就是為什麼一樓都沒有人。那就是為什麼把我帶到那兒的人立刻就離開了。那就是為什麼另一個把我的衣服拿給我的人立刻去找他的主管——而那是個謊言，因為不需要任何簽名，我的簽名就夠了。那就是為什麼他們都在緊張和流汗——他們害怕自己有生命危險。而這就是民主！

但我仍然說原諒他們，因為他們做的一切都將會摧毀他們。他們是把死亡帶到他們身邊。

他們在後悔。在那五個監獄，每個獄警都對我說：「我們的監獄從未關過這樣的人！」——因為從世界各地打來的電話，一整天打不停。數以千計的電報，從世界各地寄來的鮮花。監獄沒有空間放這麼多花，所以我要他們把花寄給學校和學生——以我的名義，帶著我的祝福。

第一個監獄的獄警說：「你是絕對安全的，因為全世界都在關注你。不可能讓你受到任何傷害；否則美國會失去它的信譽。甚至不能碰到你的身體。那是真的——他們不能碰到我的身體。」

他們開始後悔他們做的蠢事，因為所有新聞媒體都反過來支持我，全美國都反過來支持我。不認識我的人，第一次聽到我名字的人，都開始同情我，並且反對政府。看到我在電視上的囚犯——他們都是罪犯——他們都在支持我。他們非常的愛我。

所以不需要生氣，不需要提出任何控訴。無論他們做了什麼，他們也得付出代價。他們暴露了自己的行徑。所有既得利益者就是一直這樣對待為真理挺身而出的人。這不是沒發生過。他們把我和蘇格拉底、曼蘇爾、薩瑪德歸類為同一種人⋯而那是很高的評價。

現在他們試著用各種手段，對印度政府施壓——因為他們透過金援——所以他們可以控制所有貧窮的國家——不讓任何西方媒體接觸我。那就是為什麼義大利的電視台人員被拒絕——因為所有印度大使館都收到印度政府的指示，不能有任何新聞媒體和我聯絡，不能有任何印度以外的桑雅士和我聯絡。

他們的努力就是要孤立我以便打擊整個運動，這樣我就無法揭穿他們。阻止新聞媒體聯絡我以便我無法揭穿他們。他們錯了。新聞媒體無法聯絡我，但我可以聯絡他們。我要走遍全世界。無論他們對誰施壓⋯⋯

在這兒，美國大使很快就向尼泊爾國王抗議，不該讓我留在尼泊爾。在德國，他們向政府施壓以確保我無法進入德國。他們還制定一個我不能進入德國的法律。我從未去過德國！我沒有在德國犯任何罪。這是史無前例的——你阻止一個沒有在你的國土做任何事的人進入你的國家。

他們必須說明原因，但他們提出的理由是如此的愚蠢。那就是因為我對德國沒有任何幫助，所以為什麼要讓我進入德國？但那應該成為每個人進入德國的標準：他是否對德國有幫助。特別為了我——我對德國沒幫助，所以為什麼要讓我進入？那他們就不該讓任何旅客進入，除非對德國有幫助。

但有件事讓我很高興，一個沒有任何權力的人可以讓全世界最強大的政權害怕、撼動它的根基。

我會走遍世界。如果我無法進入德國，我會待在德國外面，我的人可以來找我。他們無法阻止德國的桑雅士來找我。

我會揭穿他們。不需要生他們的氣。只要揭穿他們，在全世界面前揭穿他們的真面目——那就夠了。

第二章
不要播下錯誤的種子

奧修，湯瑪士摩爾的完美社會「烏托邦」，是來自於某個來歷不明的人的洞見，他的名字是烏托比亞斯。這種和諧社會的遠見為什麼會來自某個神祕的人？為什麼這種完美社會的想法總會燃起人類的想像卻又無法被實現？

人類發現自己是空虛的、無意義的、只是偶然的。發覺這些事使他感到受傷。他想要改善一切只是為了要讓生命有些意義，有些喜悅。他只是個傷口，這個傷口從出生後變得越來越大，痛苦持續的增加。

如果他展望未來，只有死亡和黑暗，沒別的了。如果他看著過去——出生前——一切是未知的。

他活在兩個未知的實相之間——生和死。而他短暫的生命只是不停歇的痛苦。為了避免這個痛苦、改變這個情況、治療這個傷口，他必須做很多事。

他發明了神，這樣他就可以說他不是偶然的，他是完美的神創造的。而完美的神創造的會是完美的生命。這是簡單的邏輯：為了使自己完美、重要、被宇宙所需要，他接受了這個最大的謊言——神的概念。那是孤注一擲的努力，但是你無法愚弄自己。你可以稍微拖延你的痛苦，但是它會一直在那兒。

為了滿足神並使祂成真，人創造了各種儀式和神職人員。當然他無法創造神，但是他可以興建寺廟、清真寺、教堂、會所。他無法創造神，但是他可以創造先知、彌賽亞、救世主——神的代表。他可以創造神寫的神聖經典。是人寫了它們，但即使最聰明的人也不願打擾到這個幻象；有個神在照顧你是一個很大的慰藉。而神在各方面都是完美的，所以祂的創造物不會是不完美的。

你所需要做的是不斷向神祈禱以便祂感到高興，給你各種屬於存在的寶藏。好幾世紀來，人一直活在這個夢裡面，但什麼事都沒發生，而人做盡了一切⋯

你會感到驚訝。我們為了不存在的神而用人獻祭！我們犧牲了最美的女人——因為擁有美麗的女人會讓神很高興。我們做了一切，但天空仍然是靜悄悄的，沒有任何回應。漸漸的，知識份子開始把目光放在別處——「也許那個方向不對⋯」那就是為什麼會出現像湯瑪士摩爾這樣的人。

尋找抽象的神完全是在浪費時間，沒人見過祂。最好還是改善社會，讓社會完美，這樣社會裡的人就有機會達到完美。那是另一個幻象，更接近實相，但更接近或更遙遠並不重要，幻象就是幻象。

你無法創造完美的社會，因為……舉幾個例子：有窮人和富人。完美的社會自然不會有窮人或富人，不會有任何階級的分別。它會是無階級之分的。但那是不可能的，因為那違反了人的心理。沒有任何人是平等的，而你想要創造所有人平等的社會；那不會發生。那不只是貧窮和富有的問題，這個問題的影響是多層面的。

一本存在主義小說裡的某個角色說：「只有一個女人無法滿足我。我要地球上的所有女人。」

現在你要如何滿足這些人？而且他說的是每個男人和女人內心所想的。你要如何做到？有的人除非可以統治數百萬人，否則他不會滿足。這些政客不會滿足於他有的權力。他們對權力上癮，但如果他們擁有權力，數百萬人會被他們奴役。

一個希特勒——就使得數百萬人有生命的危險。但你無法阻止希特勒出生，所以只要他們存在，戰爭就會持續。只要他們存在，宗教就會存在。

這個問題和美國完全無關，這個問題在於原諒——我將會從這個國家到另一個國家不斷的被迫害。如果你無法原諒迫害我的人，你的空虛感將會變成傷口。

所以問題不在於寬恕美國。所有宗教都要你「原諒敵人。」被釘在十字架上的耶穌對上帝說：「天父，原諒這些人，因為他們不知道自己在做什麼。」

我不會這麼說。我關心的不是那些人，因為我知道他們知道自己在做什麼。但原諒和你心靈上的健康有關。我關心的是你！

如果你無法原諒，你會一直攜帶著傷口。原諒，讓傷口離開，恢復健康。不要播下錯誤的種子。

人可以成為一種美麗的現象。我不能說他會變成完美的，因為完美使你聞到死亡的味道。每當某件事是完美的，就不會有成長的可能了。你已經抵達終點了；沒有未來了。除了死亡，沒有事物是完美的。我不是一個完美主義者。我相信不斷的成長。

你會越來越接近完美，但你永遠都不會是完美的。完美不是存在的方式。成長才是。

完美就像地平線。看起來只有幾哩遠；你可以在數小時內抵達，但等你到了那兒，它已經到了前方。你和地平線的距離會保持不變。

完美就是地平線；一個美麗的想法。幫助你不斷的成長；幫助你不斷嘗試著去觸碰到星辰⋯⋯

第三章
內在靈魂的科學

奧修，核戰隨時可能發生，致命的愛滋病迅速的蔓延開來，而科學家說地球會在本世紀末改變軸心。為什麼教士、政客和政府沒有察覺到這些事實？他們為什麼沒興趣讓大眾知道這些事？

這是一個重要的問題，但是你必須了解到其中某些更深的暗示，也許你沒察覺到的暗示。政客和教士的既得利益在於不讓世界上的人們覺察到未來。理由很簡單：如果人們發現到黑暗即將來到，死亡隨著每一刻越來越逼近，那全人類的意識將會有很大的改變。支配人類好幾千年的政客和教士知道他們無法解決人類未來將要遇到的問題。他們完全無能為力。問題太巨大了，他們是如此渺小。他們唯一保全面子的方式就是不讓人們知道未來將要發生的事。

我也必須說清楚，政治只會吸引世界上最平庸的頭腦。它不會引起愛因斯坦、羅素、沙特、泰戈爾的興趣⋯不，它只會吸引特定的頭腦。心理學家知道有自卑感的人會往政治發展，因為政治可以帶給他們權力。透過權力，他們可以讓自己和別人相信自己不是較差的、平庸的。

但得到權力不會提升他們的智慧。所以全世界都被平庸的人控制著，而我們則有許多有智慧的人——科學家、藝術家、音樂家、詩人、舞者、畫家——各種敏感的、有創造力的人，人類的精華，但是他們沒有權力。他們可以改變人類的歷史，他們可以把黑暗的未來變成美麗的早晨和日出。但不幸的是權力落入到錯誤的人手裡，而有智慧的人則沒有權力。我要說個故事來解釋：

一個偉大的神秘家聽說他的一個朋友，童年的朋友——他們一起玩耍、讀書——成了全國的首相。為了恭喜他，神秘家下了山。那是一個漫長疲憊的旅程。等他到達首相的官邸時，首相已經準備要去某個地方。

首相認出了神秘家，但他說：「抱歉，我有約了。我必須去三個地方，我希望你跟我一起去。我們可以在路上聊天，回憶過去的黃金歲月。」

神秘家說：「我願意跟你去，但你看我的衣服都是灰塵。坐在你旁邊似乎不太適合。」

首相說：「不用擔心。國王有送我一件非常昂貴的外套。我沒穿過；我把它保留在重要的場合。我會把外套給你。你可以穿上；那可以遮住你的衣服、灰塵和一切。」

外套給了神秘家。他們到了第一個地方。他們進到房子裡面。首相介紹他的朋友：「他是一個偉大的神秘家。他住在山上。他擁有一切，除了外套——那是我的。」

神秘家無法相信：「這是什麼愚蠢的介紹？」

甚至對方也對神秘家被這樣侮辱感到驚訝。

離開房子後，神秘家說：「我最好不要跟你在一起。你剛剛侮辱了我。有什麼必要說那是你的外套？他們並沒有問。」

首相說：「抱歉，原諒我。如果你不和我一起參加下個約會，我會認為你沒有原諒我。」

神秘家是個純真的人。他說：「沒關係，我跟你去。」

進了第二間房子，首相介紹神秘家：「他是一個住在山上的偉大神秘家。他擁有一切——包括外套！」

神秘家無法想像這個人有任何智力可言。出了房子後，他說：「我無法參與你的第三個約會。這太過分了。」

但這個政客說：「我已經說外套是你的！」

神秘家說：「無法想像一個人可以如此毫無智力可言。你強調外套是我的反而使人起疑：你在隱瞞什麼事。有什麼必要談到外套？我看不出有什麼必要去介紹外套。」

政客說：「原諒我，但如果你不參與第三個約會，我會永遠記得我傷害過你。拜託，只要再一個約會，我不會說外套是你的或我的。不用擔心。」

單純的神秘家同意和他赴會。在第三間房子裡，他用相同的方式介紹神秘家：「他是山上來的偉大神秘家。所有的衣服都是他的，至於外套，最好不要談到它！」

政客不是最有智慧的人類。否則不會三千年內發生了五千次戰爭。政客只是在摧毀，但沒有創造任何東西。是政客創造了原子彈和核彈。他還有什麼臉去讓世人察覺到未來是黑暗的、悽涼的？也許不會有未來了，也許我們坐在隨時會爆發的火山口。我們擁有如此多的核彈以致於可以炸掉七百個和地球一樣大小的行星。換句話說，我們可以把每個人殺死七百次。你能想像這有多蠢嗎？人只能死一次。沒必要殺死他七百次。這些核武的準備是為了什麼？

這背後藏著某種瘋狂。那個瘋狂就是政客只能依賴戰爭生存下去。希特勒在他的自傳有很多意味深長的話語。其中一句就是如果政客想要成為偉大的英雄，偉大的歷史人物，唯一的方式就是創造出一個大戰爭。沒有戰爭就不會有英雄。

想想你們所有的英雄，他們都是被戰爭創造出來的：亞歷山大大帝、拿破崙、納迪爾沙、帖木兒、成吉斯汗、史達林、墨索里尼、希特勒、邱吉爾……這些人得到什麼？除了活在戰爭的時代。戰爭把他們帶到生涯的巔峰。你們所有的歷史都是這類的笨蛋。

如果我們有任何判斷能力，就該完全停止在學校學習這種歷史。

你不能向美麗的人或有創造力的人學習嗎？我們已經創造出偉大的音樂家、科學家、詩人和畫家。應該把他們收錄到我們的歷史。我們的歷史應該讓我們了解到他們才是我們真正的先人，不是成吉斯汗、帖木兒或納迪爾沙。這些人是災難，甚至在史書的註解中都不該提到他們。他們應該被忽略。他們是瘋子，不需要一直研究他們，使新一代產生同樣的慾望。

教士也和政客有很深的共謀。那是數千年之久的共謀：教士在保護政客；政客在保護教士。這需要了解。

例如，東方的教士一直教導人們：「你們現在貧窮是因為你們在前世做了很多壞事。」人們相信了。當你數千年來不斷說著同樣的事，那會對人們的頭腦有很深的影響。不只影響了人們，甚至還影響了教士自己！。這是一個奇怪的心理現象。我想到一個趣聞：

有個記者死了。他到了天堂後敲了門。一扇小窗打了開來，守門人說：「抱歉，記者名額已經滿了。我們只需要十二個記者。即使他們無法派上用場，因為這兒不會有任何事發生——不會有新聞。」

記住新聞的定義：狗咬人不是新聞；人咬狗才是新聞。所以天堂自然不會有任何新聞。

「連那十二個記者都感到很無聊，所以請你去敲別的門看看。」

但記者都是頑固的，你無法很容易就趕走他們……

他說：「我會在二十四小時後再去敲別的門看看，不是現在。」

守門人說：「你在這兒要作什麼？一直站著？」

他說：「我不會站在這兒，你讓我進去。如果我可以說服某個記者去地獄，那你就可以讓我取代他。人數維持不變。」

守門人認為很合理。他說：「好，進來試試吧。」

二十四小時後，他告訴每個人，記者和不是記者的人：「地獄將會發行一份新的報紙，裡面有最重要的新聞。他們需要編輯、審稿員、記者、通訊員——提供優渥的薪水！」

然後他走到門口。守門人說：「你不能離開。」

他說：「為什麼？」

守門人說：「那十二個記者都跑了。你說服他們了，他們製造了很大的騷動以致於我必須讓他們離開。現在你不能走，我們至少得留下一個記者。」

但記者說：「我不能留下來。」

守門人說：「你創造了謊言。根本沒有報紙要發行。不會有優渥的薪水。」

他說：「沒錯，我創造了謊言，但如果那十二個人都相信，那表示它有一定的可信度！我不要留在這兒。你打開門，否則我要去投訴。我不屬於這兒，我不應該待在這兒。」

他說的有道理，守門人沒有尋求高層的同意就讓他離開了。

記者怎麼了？他發明了一個謊言，他成功的說服那十二個人。當你在說服某個人，你也同時被說服了。

在東方，好幾世紀來，教士一直告訴人們，說他們貧窮的原因是因為前世的錯誤行為造成的。你唯一要作的就是安於你的貧窮、疾病和死亡。這是在測試你的信任。如果你可以通過這個痛苦的考驗，你在來世會得到很大的獎賞。

這就是為什麼東方的科學沒有任何進展，沒有產生任何技術。如果窮人是滿足的，如果窮人除了貧窮之外不想要別的，那何必還需要技術、科學、進步、發展？何必創造更好的社會、更多的財富？何必用更人性的方式散播財富？不需要。

政客會很快樂，因為不會有革命的可能性。教士在保護政客，使革命不可能發生。而政客則不斷讚揚教士是偉大的聖人。他會觸碰教士的腳，特別在選舉的時候。他會去拜訪每個聖人，阿闍黎、教長、教皇⋯⋯

教皇快要去訪問印度了，你會看到所有政客都去迎接他——現在基督教是印度第三大的宗教。必須說服教皇站在他這邊。

回教聖人，無論死的或活著的，都必須膜拜。印度教聖人，無論是聖人或者實際上是笨蛋，都必須認定他擁有最高的靈性。

這是共謀在剝削人們。教士不會知道未來會發生什麼事，因為他們活在過去。他的生命依賴著薄迦梵歌，五千年前的東西。他依賴可蘭經或聖經來生活。他的整個生命都活在過去；他在膜拜死去的東西。他無法看見未來，也沒有看見未來的智慧。我不認為任何有智慧的人會去當一個教士，因為教士一直在說謊，任何正直的人都無法這麼作。

教士一直在欺騙。他對神一無所知。他沒有經驗過神，他沒有遇到神，但是他一直在欺騙人們——假裝是神的代言人，你和神之間的中間人。他不讓你直接接觸存在。你的祈禱只能透過教士送達神。奇怪，憑什麼？

就在幾天前，教皇宣布其中一個最大的罪行就是直接對神懺悔——懺悔必須是向教士進行。你看出他狡猾的策略嗎？天主教教士會一直在那兒傾聽你的懺悔，你必須把你的罪行，私密的生活，詳細告訴他。那使他有了權力。你了解嗎？他有一份你的個人檔案。你無法離開天主教的掌握了。

他可以揭穿你。他可以摧毀別人對你的尊敬。他知道你和鄰居的妻子曖昧…你可以不讓任何人發現，除了教士，因為只有他可以讓神原諒你犯的罪。但奇怪的是你為什麼不能直接向神懺悔？這就是政治；不是宗教。

我遇過每個宗教的神職人員，我沒看到任何一個是有智慧的。如果他們有任何智慧，他們會作曲、創造某個美麗的東西，發明某個可以提升人性的東西。他們會找到辦法去摧毀世界上的貧窮。

但是他們一直在做相反的事。所有神職人員，無一例外，都反對節育和墮胎。我曾和一個主教談過，我對他說如果發生任何墮胎的現象，他要負責。

他說：「你在說什麼？我們是反對墮胎的。」

我說：「我知道，但你們也反對節育。如果你們支持節育，那就不會有墮胎的需要了。」看到全世界人口的成長，日益嚴重的貧窮，這些神職人員不斷說小孩是神創造的，用任何科學方法阻止生育就是在反對宗教。

我不認為這些人是有智慧的。他們想要把整個地球變成衣索比亞。不需要用到核武，本世紀末就會有數百萬人死亡。幾乎一半的地球人會死於飢餓。當百分之五十的人死在街上，而你無法做任何事去幫助——沒有醫藥、食物，你甚至無法把他們的屍體送到火葬場或墓地——還活著的人將會比死人還要痛苦。死人會是幸運的。誰要負責？就是這些神職人員。我對他們說過：「你們看看！根據你們的說法，根據所有的宗教，如果神是全能的，那祂可以做到一切。祂可以創造世界，摧毀世界。所以有什麼問題？那個女人只是吃了一顆藥——祂無法摧毀一顆藥！如果祂想要讓小孩出生，那顆藥會被摧毀。那顆藥似乎比你全能的神還強大。你應該去教堂、廟宇、清真寺和會堂祈求神摧毀這些藥。你相信祈禱——何必騷擾窮人，要他們繼續生小孩？」

宗教的興趣在於增加信徒，因為人數就是力量。他們不擔心死亡隨著每個片刻越來越接近。政客的興趣在於擁有越來越多的核武，因為沒有核武，他們就無法成為歷史上的英雄。甚至需要食物的貧窮國家也試著要擁有核電廠。這似乎是非常瘋狂的。

你的問題同時引起了很多要探討的：核武、人類所遇到過最危險的疾病，愛滋病。但是你沒察覺到愛滋病是你們的宗教創造的。你會感到驚訝和震撼。

愛滋病是有史以來最危險的疾病，因為它沒有解藥。科學家逐漸認為找到解藥是不可能的。這不是疾病，而是慢性死亡。一旦你感染了，你最多只能活兩年。大部分不會超過半年；你的死亡是確定的。

而且這個疾病造成的情況是醜陋的，因為連你的家人也會抵制你。你的妻子會抵制你，妳的丈夫會抵制妳，你的小孩會對你關上門。你的父母會說：「原諒我們。不要來找我們。」你的朋友會變成敵人。沒有餐廳會接待你，因為這個疾病不只會透過性行為散播。它是和性相關的疾病，但是它散播的方式有很多種：你的唾液⋯

如果你親了一個女人，你的妻子，你會把疾病傳染給她——只是親吻。甚至你的淚水也攜帶著病毒。某個小孩在哭，你只是因為同情而用手擦掉他的淚水⋯你也許不認識那個小孩，他可能只是個陌生人，但是你不知道你對自己做了什麼。那個小孩的淚水可能有病毒。現在已知的事實是小孩可以帶著那個疾病出生。如果他們的父母有愛滋病，出生的小孩也會有那個病。如果你手上有他的淚水，然後你在吃東西，你就落入陷阱了。

但最令人驚訝的是，愛滋病是同性戀創造出來的。而誰創造了同性戀？在森林或野外，沒有動物是同性戀。但是在動物園，那兒不一定會有雌性動物，於是雄性動物開始和其他雄性動物做愛。那只是牠們的應急措施。

誰把人類變成動物園的動物？那不是大自然產生的。我要告訴你們，同性戀首先出現在修道院。是宗教將男人和女人分開。他們把修士放到這個修道院，修女放到另一個修道院。甚至現在，歐洲的阿索斯山裡面有一個已經存在一千年的修道院，沒有女人進去過。三千個修士住在修道院裡面，一旦進入後就不再離開。只有他的屍體會出來。

我仔細的調查過那個修道院，我發現連六個月大的女嬰也不能進去。我無法相信：六個月大的女嬰也不能進去？這表示什麼？裡面住的是修士還是怪物？

但性壓抑或同性戀的發生是因為宗教堅持禁慾是神聖的——它不是。禁慾是不自然的，任何反對自然的行為遲早會被報復。

愛滋病是大自然的報復，所有的神職人員和宗教都要負責。現在還來得及。每個國家都應該認定禁慾是犯罪的行為。應該讓人類是自然的，讓人類接受自己而不反對他的任何部分。愛滋病會消失，但同性戀必須先消失。然而如同我對你們說的，我們活在一個瘋狂的世界。

在美國的德州，他們通過一個反對同性戀的法律——那是在犯罪。沒人想過德州會有一百萬個同性戀，但那一百萬個同性戀向德州的立法機關抗議這個法律。如果這是德州的情況——那兒只是個沙漠——那加州的情況會如何？也許每個人都是同性戀。也許不是一直都是，但偶爾⋯⋯

把同性戀當成犯罪是愚蠢的，因為同性戀將會秘密的進行。沒有法律可以阻止他們，那只會讓他們說自己不是同性戀。這是很危險的。那表示他們可以把愛滋病傳染給完全不知情的人。

如果我們要擁有一個清醒的世界，如果我們想要拯救世界，我建議應該要有一個世界級的研究機構，裡面有科學家、畫家、詩人、舞者、雕刻家、建築師、教授、神秘家，而且他們必須公開提出建言。全世界的知識份子，來自於各領域和各層面的，應該一起發布一個聲明：「我們要知道真相。我們的未來是什麼？政客要怎麼改變它？神職人員打算做什麼？如果他們沒有辦法，那他們應該說出來，因為還有其他有長處的人可以做點事。」

就在幾天前，二十個美國科學家，他們最好的核子科學家，向政府抗議：「如果你不聽我們的，我們要罷工。我們不能做任何有害人類的事。」

這是好的開始。每個國家都應該發生同樣的情況。全世界的每個地方都該這麼做，而且你何必分別進行？你們可以一起進行。全世界聰穎的科學家和有創意的人應該一起進行，因為這是個很大的問題。除非每個聰穎的人站出來拯救人類，否則那似乎是不可能完成的工作。但我不是個悲觀主義者，我感覺在充滿挑戰的時代，總會有最頂尖的人站出來手牽手一起突破愚蠢的、不存在於地球上的國界線，和根本不是宗教的派別之分對抗。

你不需要是基督教徒、印度教徒或回教徒才是有宗教性的。你必須是印度教徒或基督教徒才能成為一個科學家嗎？

宗教是內在靈魂的科學。不需要任何形容詞。科學探究客體的存在，而宗教探究人的內在，他的主體性。一個人可以是有宗教性的，不需要屬於任何派別，這時候他可以宣稱：「我不屬於任何宗教，但我仍然是有宗教性的。我不屬於任何國家，但我仍然是人類。整個地球都是我的。」

是全人類一起站出來反對教士和政客的共謀的時候了。我向你們保證我們可以拯救全人類——不只是拯救，我們可以讓人類進入更高的層次、更高的意識。

我們可以誕生出新人類。舊人類已經結束了。

奧修，你是否可以對尼泊爾和印度的人們說些話？你說你不是在給予教條，知識只會是個媒介，讓一個人用來表達他所經驗到的一切。但經驗本身不也是種溝通嗎？

對真理的經驗是發生在你存在的絕對寧靜中，那兒沒有任何思想的漣漪，沒有任何文字可以進入，只有絕對的寧靜，沒別的東西了。問題在於你可以在寧靜中經驗到真理，但你無法在寧靜中表達它。表達會需要文字，一旦你使用文字，真理的某些部分就消失了。摧毀了它一部份的美和芬芳。對真理的經驗是巨大的，而文字是非常渺小的。

有個父親在教導他的小孩：「孩子，世界上沒有不可能做到的事。」

兒子說：「等等。」他跑進浴室裡。

父親說：「你在做什麼？」

他說：「我要證明有些事是不可能做到的。」

父親跟著他。兒子擠出一些牙膏後對父親說：「請把它弄回去！如果你需要忠告，你可以去找亞歷山大大帝或拿破崙，那些人說世界上沒有不可能做到的事。這就是不可能做到的，我試過了。」

你可以看到光，但你要如何對盲人解釋什麼是光？似乎沒辦法。你對光的任何描述都不會是光。你對光的任何描述對盲人不會有任何意義。

所以記住，真理是無法描述的，它可以被顯示。所有的文字都只是指向月亮的手指，但不要把手指當成月亮。一旦你開始執著手指——教條、儀式、信念和教義就產生了——那你就錯過真理了。手指不是真理，月亮才是。

那就是為什麼我說不要迷失在文字或教條中。相反的，尋找一個活著的師父，他的存在正是指向月亮的手指。在他的存在中，也許有某些事會透露給你知道。不是他的文字，但也許是他的寧靜。不是他的理論，但也許是他的雙眼。你也許可以在那兒得到某個靈感、瞥見、通往生命奧秘的門。

書無法做到；只有師父可以。這就是不幸的地方，人們持續攜帶著沒有生命的書和文字。如果說出那些話的師父在那兒，也許那些文字會再次活過來。

當我對你說話，你認為進入你裡面的只是文字嗎？不，還有我的聲調、我強調某些話的語氣、我在兩個字之間的沉默、我的手勢、眼神——我完全忘記眨眼睛了！我的醫生要我眨眼睛——但我忘了！當我真的在對你說話，不只是我的文字，我整個存在都涉入其中。它是一個全然的表達：一個人永遠不會知道是什麼進入你的心。

你可以寫下這些話。它們會保持一樣——但又不是一樣的，因為它們裡面有生命的部分會失去。我一直強調——當我活著的時候，不要在意我說了什麼。不要聽我說了什麼，要聽的是我是什麼！當我死了，只要向我道別。不要抓著記憶不放，不要抓著那些已經不存在的。去找另一個活著的師父——地球上不會一個師父都沒有。

存在是非常慈悲的。我不要你執著我。那是過去的宗教犯下的其中一個錯誤，我不要你這麼做。他們都認為師父死後會有一個繼承者。現在的教皇沒有成道。你們現在的八個阿闍黎和最初的那個阿闍黎完全無關；他們沒有成道。你在不必要的浪費自己和他們的時間。

尋找，你會找到，因為地球不是荒蕪的，它一直是富饒多產的。口渴的人會在某處找到井。

不要迷失在文字中，把時間用來尋找一個有吸引力的人、一個活著的奧秘、一個活著的傳說。當他死了，感激那些和他在一起的時光。感激所有從他身上學到的，但不要卡在那兒。去找到他，現在你會比較容易找到，因為你已經和一個神秘家在一起過，你知道那個感受、那個振動。你會更容易被拉往那個使你找到另一個覺醒存在的方向。只是身體不同，但對覺醒者的感受是相同的。

所以我不要任何人記住我，即使在我死後。如果你真的愛我，我要你找到某個擁有相同特質的人，這樣你的愛就會越來越多，你的存在會越來越成熟，有一天你也可以為口渴的人解渴。

奧修，成道者的特徵是什麼？自我達成、神性達成和沒有達成的現象是什麼？

成道者的外在沒有任何特徵。好幾世紀來，人們一直在尋找他們。如果你去耆那教的寺廟，你會看到二十四個渡津者的雕像。最令人震撼的地方是他們的耳垂觸碰到他們的肩膀。根據耆那教的說法，成道者的特徵是他的耳垂可以碰到肩膀——一種很怪的特徵。

那克理虛納或耶穌就沒有成道。除非你動手術，否則你別想成道。但這完全是胡扯，因為耳垂和成道有什麼關係？你看過羅摩、克理虛納、佛陀、馬哈維亞——都沒鬍子。那是奇怪的。二十四個渡津者都沒有鬍子。他們比你還要洋化。遠遠領先他們的時代！

那個想法來自於人們認為他們的鬍鬚不會再生長，那是成道者的特徵——非常怪，因為那表示你少了某種荷爾蒙。這樣不好！不健康！如果是這樣，那所有的吠陀先知和寫下世上最美麗文獻的人，奧義書，都沒有成道，因為他們都有鬍子。

不要試著從外在尋找，否則你會落入某個愚蠢的情況或什麼的。身為一個局內人，我會試著從內在來描述。成道的意思只是一個人的生命中不再有任何問題，每件事都解決了。成道的意思是無論外在世界發生的成敗、悲喜或生死，一個人都會一直處於寧靜、平和和滿足的狀態。

成道的意思是一個人經驗到你可以達到但是你沒有嘗試過的。他隨時都充滿著光、喜悅和狂喜。他幾乎像個醉漢，因為神性的酒而醉。他的生命是一首歌、一支舞、一個慶祝。他的存在是個祝福。

如果你想要了解他，你必須和他在一起。你不能從外在來判斷，你必須接近他。你必須來到一個親密的狀態。你必須加入他的隊伍，你必須牽著他的手。你必須吸收他的一切，你必須讓他進入你的心。但從外在來看，不要試著尋找任何特徵；這些都是內在的經驗。

但有些跡象是可以找到的。你會在成道者的周圍感受到一種魔力、巨大的吸引力、魅力的中心。由於恐懼，你可能不會靠近。靠近一個成道者是危險的，因為你可以接近他，但那樣你就離不開他了。接近是危險的。只有賭徒可以，生意人做不到。

奧修，意志和臣服是同一條路的不同名字嗎？

只有一條路。要怎麼稱呼它並不重要。「臣服」和「意志」似乎是剛好相反的，但事實上，它們是互補的。它們不是彼此矛盾的。這有點微妙。

只有一個有意志的人可以臣服，因為臣服需要很大的勇氣。永遠不要認為臣服的人是弱者。只有非常強大的人可以臣服，如此強大以致於他們甚至可以把自我交給師父。那需要極大的勇氣和膽識。要臣服，意志是需要的。如果你沒有意志，你就無法臣服。否則誰來臣服？

但只有意志沒有用。只有意志只會強化你的自我，使你遠離那條路。意志做為主人是非常危險的、有害的；意志成為臣服的僕人會是美麗的。用意志來服侍臣服，你就走在正確的路上。它們似乎是分開來的，但它們可以互相幫助。

你聽過那個故事……

有個森林失火了，但裡面住著兩個乞丐。一個是瞎子，他看不見。另一個是瘸子，他無法走路。因為他們都是殘障，他們是敵人、競爭者。但這不是互相競爭的時候。瞎子可以走路，但看不見怎麼走；整個森林都失火了。瘸子可以看到哪兒可能有出口，但是他無法移動，因為他沒有腳。

最後，他們妥協了。他們說：「這時候讓我們忘記彼此的差別，互相幫助吧。」瞎子說：「我會用肩膀背著你，你來看，我來走路。」然後他們都活著離開森林，沒有受傷。

這就是意志和臣服的狀況。意志是盲目的，但是它可以走很快。它是非常迅速的，它擁有很大的力量。臣服有眼睛，它沒有腳，但是它可以看。如果你可以使意志和臣服產生友誼，如果臣服坐在你意志的肩膀上，你就做到生命中其中一件最偉大的事了。然後走在這條路上會是非常輕鬆的，家是非常近的。

有幾個我沒回答的問題。我想要簡短的回答它們。

一個是：為什麼我被全世界譴責？特別是關於性的部分？很簡單。性在我的教導中沒有占太大空間。聽我講了這麼多天，連你都可以證明性在我的教導中是非常不重要的。但是猜疑的記者和全人類中所有壓抑的頭腦把任何我談到性的部分都拿出來討論——把它變成一件大事。

我有四百本書，被翻譯成全世界主要語言和出版，其中只有一本談論性的書。但沒人談論其他的三百九十九本書。他們只談論那本書——但對它也沒有去了解！那本書的名字是從性到超意識。它和性無關，它是在談論如何把性能量轉變成意識。我是唯一反對性的人。但全世界充滿了壓抑的性慾。

我想到一個故事：

三個老人晚上常會在一個花園聚會。一個七十歲了，另一個八十歲，第三個九十歲。他們年紀都很大了。

周日晚上，他們坐在長椅上——那已經變成他們專用的長椅。他們在那個長椅上相聚的時間已經久到沒人可以記得了。七十歲的老人說：「我感覺很尷尬。那段回憶使我想自殺。」

另外兩個老人很驚訝。他們說：「發生什麼事？」

他說：「那段回憶一直徘徊不去。我忘不了。那是個美麗的早晨，有個美麗的女子在我們家作客，我忍不住誘惑。當她在洗澡時，我走到浴室門旁邊，透過鑰匙孔偷看，當場被我母親發現。她造成很大的混亂以致於所有鄰居都來了。每個人都在訓斥我，每個人都自作聰明，強迫我去教堂向牧師懺悔我犯下的罪。那是如此尷尬。我不想記得，但是它一直浮現。」

另外兩個人咯咯地笑。他們說：「你真笨。每個人童年都做過這種事。我不認為有誰不會從鑰匙孔偷看浴室。」

七十歲老人說：「我的天，那不是童年發生的，而是今天！」

現場突然靜了下來。然後八十歲老人說：「我也遇到某件事。既然你起了頭，那我只好說出來。我已經三天沒和我妻子做愛。」

其他兩個老人說：「發生什麼事？」

他說：「當我要做愛，她就說頭痛，轉到另一邊……這是在侮辱我。」

七十歲老人說：「但你對我說過你已經沒有在做愛了。」

八十歲老人說：「沒錯，我是這樣說過，但我只是換了方式。我現在的方式是抓住我妻子的手三秒鐘，盡可能用力按壓，然後向她說晚安，進入夢鄉。這是我的愛。這是我做愛的方式——按壓她的手持續三秒鐘。但是她已經三天都在假裝頭痛，使我無法做愛。」

第三個老人，他們裡面最老的，咯咯地笑著。他說：「你是笨蛋。你不知道真正的問題。既然開始這個話題，我必須把我的問題告訴你們。今天早上我正要跟妻子做愛，她說：你這笨蛋，你在做什麼？」我說：我要做愛。她說：你昨晚已經做了兩次愛！我說：我好像忘了……」

「我的問題才真的是問題。你們在講的只是愚蠢的事——偷窺浴室、無法按壓你妻子的手。只要想想我，我失去記憶了。」

即使快要死了，性壓抑使得人們仍持續想著性。那就是為什麼他們會再次進入另一個子宮——和性有關的肉體。

我不是在教導性。我是教你們不要壓抑它，這樣你們才能轉變它，不壓抑才能不被它束縛。任何壓抑的事會留在你的無意識中，成為束縛。不要壓抑任何事，你就會感受到極大的自由。

去經驗每件事，你會越來越成熟，不需要等到九十歲。我觀察桑雅士的經驗是，人在十四歲的時候性成熟，如果他可以過著有性的生活，沒有任何罪惡感，只是把它當成自然現象，到了四十二歲，他就會超越它。

每七年就會有個變化。十四歲的時候，你已經達到性成熟，可以生小孩，到了四十二歲，你開始生命的一個新階段。十四歲時，你進入生命的世界。四十二歲時，你進入死亡的世界。十四歲時，生命需要繁殖，四十二歲時，生命不再需要性，而是靜心。

如果你活過性，就有足夠的時間了解到那是小孩的遊戲。不會有壓抑的問題，它會自行來到，自行離去。你沒有創造它；不是你在十四歲的時候創造出來的。就像微風在十四歲的時候來到，微風也會在四十二歲的時候離去。那會是某個更重要的、更有價值的東西必須去經歷的時候。你已經愛過，你看過世界的實相，經驗過各種關係——現在是知道自己、成為自己的時候了，因為死亡很快會來到。在死亡來到前，你必須做好與它相遇的準備。最後一個故事：

有個國王在晚上夢到一個非常巨大兇猛的影子站在他面前。他問：「你是誰？你為何出現在我的夢中？」

影子說：「我是你的死亡，明天傍晚日落時，我會來到。記住，日落的時候在正確的地方與我會合。」

在他想問：「正確的地方在哪兒？」之前——他不是要去會合，他要避開那個地方——影子消失了，他嚇醒了。已經是午夜了，他立刻召集所有智者、占星家、手相家、預言家，要他們解釋夢的含義。他們互相討論，一如往常所謂博學多聞者的作風，他們無法認同彼此。他們在談論、討論、每個人都有自己的解釋——使得國王越來越困惑。

國王的老僕人看著這一切，太陽升起了；花了半個晚上的時間。他悄悄對國王說：「陛下，這些人不會有交集的。他們只知道爭吵、辯論、質疑。你沒有時間浪費在這上面，太陽已經升起了，還有多久就日落了？時間不多了。我的建議是讓他們討論。你騎著可以跑最快的馬逃離這個王城、這個宮殿。」

這個建議似乎很實際。國王選了跑最快的馬，到了傍晚，他已經離王宮有數百哩遠。為了找地方休息一晚，他進了芒果林。他拍了馬兒並對牠說：「你證明了你的能力。我沒想過你可以跑這麼快。你用盡力氣，彷彿知道死亡將要來找我。我很感激你。」

就在那時，太陽西沉了，他突然察覺有隻手放在他肩膀上。他回頭看。在夢中看到的那個影子就站在那兒說：「我也得感謝你的馬，沒有牠，我很擔心你要如何在正確的時間到達正確的地方。但你做到了。一切要歸功於你的馬兒。」

無論死亡要在幾小時、幾天或幾年內來到，那都沒有什麼差別。就如同一個人會為生命準備一切，他也得為死亡作好準備。為死亡作準備就是我所說的宗教性。

宗教性的方式就是為死亡作準備，死了，但又沒有死——只有身體被留下，而你進入了永恆。

第四章
唯一的奧秘

奧修，在今日的世界，桑雅士的意義是什麼？

「桑雅士」是人類語言中其中一個最重要的字。它在過去的意義是錯誤的。那個錯誤的意義摧毀了它的美、喜悅和歡笑。那個錯誤的意義是棄世。拋棄什麼？拋棄身體。拋棄所有身體、頭腦和心帶來的愉悅。拋棄世界、人們、那些你愛的人、你感激的人。拋棄生下你並為你犧牲一切的父母。拋棄為你活下去、為你而死的妻子或丈夫。拋棄沒有你就沒人可以保護他的小孩、沒有你就會變成孤兒或乞丐的小孩。

那就是「桑雅士」舊有的意義。它摧毀了人性的根。一方面，過去所有的宗教說神創造了世界、創造了你和一切。同時他們又說拋棄神所創造的。似乎你的教士比神還聰明。似乎你的教士反對神所創造的一切。

讓我用一段話來總結：所有的宗教和教士都在反對神。如果神創造了世界，那麼拋棄它或教導棄世是一個破壞的行為。那不是宗教性的、不是神聖的。

我的桑雅士給了它名符其實的正確意義。我的桑雅士不是棄世，而是慶祝——慶祝這個美麗的世界，全然的、強烈的、覺知的、慈悲的、帶著愛的慶祝，沒有任何罪惡感的慶祝存在提供的一切。所有罪的概念都是被創造出來剝削你的。

是的，人會犯錯，但錯誤不是罪惡。人都會犯錯。錯誤可以被修正，只需要一點智慧。你不用要求原諒你犯下的罪。你不需要去恆河洗澡以便去除你的罪惡——那是愚蠢的。你不用到卡巴或耶路撒冷。你所有的錯誤只需要一點了解就能不再犯。我想到一個故事：

有一個販賣甘地帽的人。他在選舉時賺的錢足夠他休息五年。某個選舉快到了，但那個人已經老了。他病了。他準備了數千頂帽子。他對年輕的兒子說：「我無法到市場去」——離他住的村莊有數哩遠——「你必須去，那不是困難的事。」因為選舉快到了，這種帽子將會有很大的需求。

「只要記住一點：到市場前，路是非常美的，景色非常優美。兩邊都有很大很美的樹，提供茂密的遮蔭，你會想要休息一會兒。我要把我之前在菩提樹下休息所發生的事說出來提醒你。」

「當時非常平和、安靜，我睡著了。當我醒來後很驚訝。我裝著帽子的袋子變成空的——所有帽子都不見了。我四處查看，然後我聽到猴子在我上方的樹幹上咯咯笑著。牠們都帶著甘地帽。就如同我戴了帽子，牠們都在模仿我。雖然我對牠們摧毀了我整個生意而感到痛苦，但我仍然很享受。牠們看起來如此美麗，彷彿新德里所有的偉大領導都在樹上！然後我想到父親給我的建議，因為同樣的事也發生在他身上過。歷史重演了。他說如果發生這樣的事，只要把你的帽子扔掉。我扔了帽子，然後所有猴子也扔了帽子。我把所有帽子撿回來後去了市場……」

「所以記住！首先，不要待在有猴子的樹下。如果你必須休息，然後發生了這樣的事，記住我的建議。」

兒子出發了，父親是對的——有一棵美麗巨大的菩提樹。數百輛牛車都停在它下方。當時非常平和、安靜，離所有村莊還很遙遠以致於他忍不住在樹下休息一會兒。他也很累了，天氣很熱。

他睡著了，當他醒來，他發現袋子空了。他抬頭看。樹上的猴子都戴著他的帽子。但是他沒有感到驚訝，因為他知道訣竅。他把帽子扔了。一隻猴子溜下樹把帽子撿走，又上了樹。他無法相信發生的事。猴子學到教訓了！而日那是唯一沒有帽子的猴子！牠們在等這個笨蛋扔帽子……然後牠們非常歡樂。

連猴子也學到教訓了。似乎只有人沒有學到教訓。

你們那些老舊的桑雅士每天都在摧毀你的生命。他們譴責一切。你的愛是罪惡，你讓自己舒適是罪惡，你讓自己富有是罪惡……耶穌說：「貧窮的人有福了，因為他們將繼承神的王國。」任何有一點理智的人會同意耶穌說的：「貧窮的人有福了」嗎？如果貧窮的人有福了，那為什麼每個人都試著要脫離貧窮？何不越來越貧窮？因為它是個祝福！你越窮就越有福。

你應該會快樂。尼泊爾是世界上其中一個最窮的國家。根據耶穌的說法，你們是有福的。你們會比美國人先進入神的王國。

事實上，美國人無法進入，因為耶穌的另一段話是：「駱駝穿過針孔比富人進入神的王國還容易。」

這些人使你們成為窮人。但我看不出貧窮有任何靈性。我不認為你不能在舒適的屋子裡靜心——只有當你是不舒適的才能靜心，你必須用頭倒立，只有那時你才能進入天堂。

很奇怪，因為我看過無數對於神的描述，但是我沒看過任何提到神是用頭倒立的敘述。如果神不是用頭倒立，那你何必在意？何必折磨你的身體？我沒看過任何神會持續禁食的敘述。所以你為什麼要禁食？

但是關於桑雅士的老舊概念是，要進入天堂，你就得活在痛苦中，你必須經歷過苦難。我看不出有任何需要。我要對你說：你可以去唱歌、跳舞和慶祝。而且我絕對確信——神或存在不會反對歡笑、慶祝和喜悅。

我不認為因為你要棄世或成為存在的愛人就得受苦、貧窮、折磨自己或別人。你已經越來越遠離生命的源頭了；你越來越接近死亡，而死亡不是宗教的目標。宗教的目標是永恆的生命，而生命包含慶祝。

因此我教導的桑雅士剛好和老舊的桑雅士完全相反。我要我的人上天堂——一路上跳著舞、唱著喜悅的歌。我認為他們會先進入神的王國，不是本質上病態的人會先進入。

我要你們記住老舊的宗教一直在教導人們的一切。他們使人們精神分裂、人格分裂、反對自己。有些聖人的特質和長處是非常懂得折磨自己。你很清楚他們會躺在釘床上。這就是苦行。但你覺得存在會想要你躺在釘床上嗎？存在是想要折磨你的虐待狂嗎？

有些基督教的支派——現在還存在——他們穿的鞋子裡面有刺穿腳的釘子；當他們走路時會不斷感到疼痛；不斷流著血。他們腰上綁著一種特別設計的皮帶——有釘子穿過他們的皮膚。那些傷口會跟著他們一生，因為那些皮帶無法拿掉。那些皮帶被鎖上了，而且鑰匙被扔掉了。他們將會一輩子都在做這樣的苦行。你認為這是一件健康、合理的事嗎？

在蘇俄發生革命之前，有一個很大的基督教支派——最卓越的、最受人尊敬的。但當你聽到他們受人尊敬的原因，你會很驚訝。他們會切掉生殖器。他們是真正的禁慾者，因為一個發誓過著禁慾生活的人，他的生殖器還在。誰知道？他可能是在騙人……！

數千個基督教修士會公開切掉生殖器。女人很困惑，但是她們有了一個想法——她們開始切掉乳房。這被認為是偉大神聖的行為。同樣的事，或多或少，以桑雅士的名義遍布在全世界。

我要「桑雅士」這個美麗的字拿掉所有過去與它相關的聯想，我要給它一個新的意義、新的芬芳、新的健康、新的完整性。我要你記住一個簡單的事實：一切自然的就是神，不自然的就是邪惡。

禁慾是邪惡的，因為它是不自然的。追隨自然，和一切自然的事物維持深入的聯繫，不和它對抗，而是處於深厚的友誼中，放開來的狀態中——那就是我對桑雅士的定義。

在河裡，你可以逆著游，和河流對抗——那是過去的桑雅士。我甚至不要你游動。我要你漂浮著，在深深的放開來的狀態下、深深的信任下跟隨河流，無論它要帶你去哪兒。存在不會欺騙你。我們都是來自於存在，我們是它的孩子。它怎麼會欺騙我們？它不會欺騙玫瑰樹叢；它使它們長出美麗的玫瑰花。它不會欺騙蓮花、鳥兒、太陽、月亮、星辰。它何必欺騙自己的創造物，人類的意識——它的最高峰？不，不可能。

存在和你在一起。你只需要學習如何和它在一起。全然的和它在一起，沒有任何條件，就是我所謂的桑雅士。

奧修，不嚴肅的靜心者是否可能成道？

只有不嚴肅的靜心者才可能成道，因為嚴肅是病態，嚴肅不是健康。嚴肅是頭腦的緊綳狀態，它是悲傷；不是溢出的喜悅。過去的傳統會對你說：「成為嚴肅的。」我無法這麼對你說。為何成為嚴肅的？早上唱歌的鳥兒不是嚴肅的。夜裡的星辰不是嚴肅的。不同顏色和芬芳的花朵不是嚴肅的。除了人，存在中有任何東西是嚴肅的嗎？海洋、河流、山⋯都不是嚴肅的，除了人。

誰使人變成嚴肅的？是你那些創造出生命不是慶祝、不是玩樂的老舊傳統所創造出來的想法；創造出生命必須是嚴肅的想法，創造出只有那樣你才能進入天堂、遇到神的想法。但是我要對你說，如果你帶著嚴肅、悶悶不樂的表情到達天堂，神也不會接見你。你必須像個天真的小孩到達那兒，玩樂的、喜悅的。你必須學習某些有幽默感的東西。你們所有過去的宗教都缺乏那部分——幽默感。它們都是嚴肅的。

在我的村裡，整個東方都會做的，每年都會表演羅摩里拉——羅摩的一生。

羅瑪納，羅摩的敵人，奪走了羅摩的妻子，扮演他的人是一個偉大的摔角手。他是市冠軍，明年將會角逐省冠軍。我們幾乎常在早上一起在河裡洗澡，所以我們變成了朋友。我對他說：「你每年都扮演羅瑪納，每年都被欺騙。就在你將要毀掉濕婆的弓以便能和希達，也就是和闍那迦的女兒結婚時，一個使者趕來通知你說你斯里蘭卡的王城失火了。所以你必須離開，趕回自己的國家。同時，羅摩則毀掉那把弓並和希達結婚。你每年做同樣的事不會覺得無聊嗎？」

他說：「但故事就是這樣進行。」

我說：「如果你要聽我的想法，我會說故事是由我們詮釋的。你一定有看到大部分的人都在睡覺，因為他們每年都在看一樣的東西——讓它有點不一樣。」

他說：「你是什麼意思？」

我說：「這次你照我說的作。」

而他照做了！

當使者帶著消息來到：「你的王城，黃金般的斯里蘭卡，失火了，你必須盡快到那兒，」他說：「你閉嘴，笨蛋」——他是用英文說的！

那就是我建議他的！所有人都醒了：「誰在戲裡面說英文？」

羅瑪納說：「你走開。我不在乎。你每年都在欺騙我。這次我要和希達結婚。」

他把濕婆的弓摔成碎片，把它丟到山裡面——那只是把竹弓。然後他問闍那迦：「你女兒在哪？把她帶來，我的波音七四七已經要出發了！」

那是如此的好笑。即使四十年後，每當我遇到某個同村的人，他們都還記得那部戲。他們說：「以前從沒有發生過這種事。」

劇團經理得把簾幕降下。那個人是一個很棒的摔角手，至少十二個人才能把他帶走。那天，那部戲無法再演下去了。隔天他們必須換人演；他們找了另一個人。

我在河邊遇到那個摔角手。他說：「你使我無法繼續表演。」

我說：「但是你沒看到人們在鼓掌、非常開心、大笑著？你演了那麼多年都沒人鼓掌和大笑。那是值得的！」

宗教少了一些需要的特質。其中一個最重要的就是幽默感。

他們不讓我和他們的演員見面。他們對每個演員說如果任何人聽從我或和我見面，那他就無法演戲。但是他們忘記跟一個不是演員的人說⋯⋯

他是個木匠。他也常為我們的房子做些木工。於是我告訴他：「今年我無法接近那些演員。去年就夠了！雖然我沒傷害任何人——每個人都很喜愛，全市的人都很開心。但現在他們在監視每個演員，不讓我接近他們。但你不是演員。你要做的是其他事情。但你可以幫助我。」

他說：「我可以做任何事，因為去年實在太棒了。我可以做什麼嗎？」

我說：「當然。」

然後他照做了……

在戰爭的時候，拉克什曼，羅摩的弟弟，被有毒的箭射中了。那是致命的。醫生說除非取得阿魯納洽爾山上的某種草，否則救不了他，隔天早上他就會死掉。他神智不清的躺著。羅摩則在哭泣。

哈奴曼，他最忠實的部屬說：「不用擔心。我立刻前往阿魯納洽爾找到那株草，並在早上以前把它帶到。我只需要醫生給我一些如何找到它的提示和它的外觀。因為山上可能有很多植物，而時間很緊迫，很快就晚上了。」

醫生說：「不難。那株草有一個特別的地方。它在晚上會發光，非常明亮，你一定可以看到它。所以你只要看到發光的植物就把它帶回來。」

哈奴曼到了那兒，但他很困惑，因為整座山都是發光的植物。不是只有那種草才會發光。還有很多植物會在夜裡發光。

現在可憐的哈奴曼——牠只是隻猴子——不知如何是好。於是牠決定把整座山拿走，把那座山放在醫生面前，讓他找到那株草。

木匠站在屋頂上。當哈奴曼拿著代表山的紙板時，他必須把繩子拉起來。我告訴他：「停在中間。讓他被吊在半空中，拿著山和所有東西！」

而他做到了！

劇團經理衝了出來。群眾非常興奮，好奇接下來會發生什麼事。而哈奴曼流著汗，因為他被吊在繩子上，手上還拿著山。某個東西卡住輪子以致於繩子無法轉動。劇團經理跑到上面。他問了木匠…木匠說：「我不知道怎麼了。某處的繩子卡住了。」

沒有辦法，一時情急，劇團經理切斷繩子，哈奴曼和他的山掉到舞台上。他自然很生氣。但人們非常的高興。這使他更生氣。

羅摩繼續念著他的台詞：「哈奴曼，我忠實的朋友…」

哈奴曼說：「去你的朋友！我可能骨折了。」

羅摩繼續說：「我弟弟就快死了。」

哈奴曼說：「他想死隨時都可以死。但我想知道是誰切斷繩子？我要殺了他。」

簾幕不得不又拉下，羅摩里拉這部戲因而延後。劇團經理和安排這部戲的人都來找我父親：「你兒子毀了一切。他在嘲弄我們的宗教。」

我說：「我沒有嘲弄你們的宗教。我只是加點幽默感進去。」

我要人們歡笑。有什麼必要每年重複一樣的故事？每個人都會睡著，因為他們知道那個故事，他們知道每句台詞。這是完全無意義的。

但傳統主義者和正統的人很難接受歡笑。你不能在教堂裡大笑。你有看過任何耶穌微笑的圖片或雕像嗎？大笑是不可能的。他甚至不能微笑。你看過佛陀或馬哈維亞在大笑嗎？不，他們都是嚴肅的人，非常嚴肅。甚至當你一邊大笑一邊遇到馬哈維亞時，你會停止笑。他帶著一種嚴肅的氛圍。

我的方法就是創造一個世界，在那兒大笑是好的、健康的、被接受的，不被譴責的。我要我們的廟宇充滿笑聲、歌聲和跳舞。我要我們的教堂迴繞著樂曲。我要所有宗教相關的地方都是充滿玩樂的。

奇怪的是你們一直說世界是神的遊戲，卻沒了解到遊戲的意思。它的意思是玩樂。如果神是玩樂的，那你的聖人憑什麼不是玩樂的？如果整個存在都是神的遊戲，那我們的生命也應該是它的一部份，一個神的遊戲。

所以不用擔心不嚴肅的靜心；事實上，那才是正確的靜心方式。玩樂的靜心，不嚴肅的，因為每當你嚴肅的靜心，你會變成緊繃的。靜心需要放鬆。靜心需要一顆玩樂的心。它不是工作，而是玩樂。

所以你可以隨時靜心——洗澡、睡覺、做愛——因為靜心沒有任何障礙或條件。

靜心表示頭腦的寧靜狀態。你可以透過處於寧靜狀態的頭腦做任何事。然後你做的一切將會更優雅、更有創造性、帶來更多的花朵和果實。你的生命在每個層面會更富有。我贊成讓生命的每個層面更富有。有錢不算富有。

有很多比金錢更偉大的東西。如果你在不同的活動中都可以靜心，你將會使不同的層面更富有、更深入。但不要嚴肅。如果嚴肅的人受到打擾，他會憤怒。

我記得我的祖父是一個非常嚴肅的靜心者……

我常常觀察。每當他在靜心，我就會打擾他。任何事都能做到。只是拉他的耳垂——而他在靜心——或捏住他的鼻子……他就會很生氣。我會說：「一個靜心者不應該會生氣的。」而且我很清楚每當有客人進來店裡，在他靜心時，他會叫他等一下。這很奇怪。你不會對此生氣，你忘掉所有的嚴肅。但一隻狗進了房子，你正在靜心，然後你指著狗說：「把牠趕出去。」這是什麼樣的靜心？

「最好的方式是：不要假裝嚴肅，更有人性的，然後就不會有任何問題。你可以繼續保持寧靜並應付客人、狗或我。」

但所有所謂的宗教人士都是非常憤怒的人。他們認為他們累積了很多功德，所以可以有憤怒的本錢。小事情就使他們準備要爆發。這都是因為他們的嚴肅。

「否則，」我對祖父說：「如果你真的想靜心，當我來了，你可以握著我的手，和我一起跳舞。你可以和我一起玩樂，同時你內在的世界仍然是安靜的、警覺的。」

靜心完全是一個暗自進行的活動，所以不會有任何事影響到它。事實上，嚴肅是危險的。那使你無法是靜心的。

我想到一個人，他是非常憤怒的人，如此憤怒以致於他曾經燒了自己的房子。他對建築師是如此憤怒以致於燒了自己的房子。又有一次，他對妻子很生氣，以致於把妻子推到井裡使她死掉。那太過分了！

就在那時候，有一個非常著名的耆那教和尚，而這個人也是個耆那教徒。房子被燒了，妻子死了；他沒有小孩和父母，一切都結束了。這就是你們過去的桑雅士在做的：當一切都沒了，他們會變成桑雅士，他們會棄世。事實是世界放棄了他們！

他去找那個耆那教和尚：「我想要棄世」——現在已經沒有任何東西留下來了——「但我是個憤怒的人。我已經因為憤怒摧毀了我的一生，現在我來到你的腳下要求點化。我唯一要求的是請你幫助我擺脫憤怒。」

耆那教有五個階段可以點化。在第五個階段時，桑雅士必須脫光衣服。他必須穿越來越少的衣服：較多的衣服、較少的衣服、然後只剩一塊布，然後是赤裸的。

師父問他：「你想要我在哪個階段點化你？」他說：「在最後一個階段。」

耆那教和尚非常高興。他說：「有很多人來找我，但他們總是在第一個階段要求點化。你真的很勇敢。」

他不是勇敢，他只是很憤怒，充滿報復心的。現在他在報復自己。他對妻子生氣，他對建築師生氣，他因為憤怒摧毀了一切。現在他想要摧毀自己。憤怒現在把矛頭對準他了。

但耆那教和尚誤會了；他不是一個師父。他點化了他並因為他的憤怒給了他一個新名字，穆尼香提納斯。香提納斯的意思是平靜的主人。香提納斯開始艱難的苦行——他很快就勝過了他的師父。問題在於他過去的自我和憤怒。他開始盡可能折磨自己。那是同樣的憤怒。如果有一個知道的師父在場，他會知道這個人並沒有改變，他是同一個人。行為不一樣，但方式、態度和能量是一樣的。

香提納斯變得很有名。二十年後，當他聞名全國，有一個朋友去找他。數千個人跟隨他，他們說他們看過很多和尚，但從未看過如此有人做到這樣的苦行、禁慾生活、犧牲奉獻、完全放棄掉所有的舒適。

那個朋友去看他。他看到他的臉；他看不出有任何不同。那雙眼睛仍然燃燒著憤怒的火焰。那不是自我達成的火，而是憤怒的火。師父坐在講台上，他走近講台說：「師父？」香提納斯看到他，並認出他，但和他相認會降低自己的地位。他是一個偉大的師父，而他的朋友是一個普通人。

他朋友發現香提納斯認出他是誰，但卻不想承認。他走近說：「我對您很景仰。有件事我很好奇：你的名字是什麼？」

香提納斯已經開始生氣。他說：「你沒有聽廣播嗎？你沒有看電視嗎？你沒有看報紙嗎？」

他說：「我是一個可憐的村民，沒有受過教育。如果您能告訴我，那會是莫大的仁慈。」

香提納斯說：「我的名字是穆尼香提納斯馬哈拉吉。」

那個人說：「非常感謝。」

幾分鐘後，他又問：「我忘了您的名字。請再告訴我一次。」

香提納斯的怒火燃燒著。他說：「你這笨蛋。我已經說了我的名字，你在兩分鐘內就忘了。全世界都知道我的名字。我的名字是穆尼香提納斯馬哈拉吉。記住，這是最後一次。如果你又忘了，那我會好好教訓你。」

那個人說：「不，我不會忘記。我會一直複誦以便記住。」

不到兩分鐘，他靠得更近說：「師父？」

香提納斯拿起棍子說：「怎麼了？」

那個人說：「請不要生氣，我是一個可憐的村民。我只是想知道你的名字。」

香提納斯敲了他的頭說：「這會讓你記住我的名字。我的名字是穆尼香提納斯馬哈拉吉。」

那個人說：「我來自你的村莊，我是你的朋友。我只是想知道你是否有改變。二十年過去了，但你沒有任何改變。你是同樣的人。你可以欺騙世界，但你要如何欺騙自己？」

不要認為靜心是嚴肅的。它是非常好玩的活動。讓它盡可能的輕盈。不應該變成壓在心頭上的一塊大石。

它應該要給你可以在天空中飛翔的翅膀。

它不應該變成壓在你靈魂上的喜馬拉雅山。

奧修，當一個人成道，他的身體、頭腦和靈魂會有什麼變化？為什麼成道者會彼此不同？三托歷是什麼？它對身體的影響是什麼？

首先，三托歷是三摩地的日本名。它和成道是一樣的意思。

其次，為什麼成道者彼此之間會不同？因為存在不喜歡複製品。存在不相信複製品，它喜愛原創品——而且他們怎麼會一樣？他們的環境不同、時代不同、不同的前世和天賦。一切都不同。

例如，我怎麼能跟羅摩一樣？就算有可能，我也會拒絕。那不可能是好的。羅摩的妻子被偷了。我沒有妻子——當然，我可以做到！如果你們都能做到，我為什麼做不到？但是我無法做到羅摩做過的事。我無法帶著那些猴子、狼和松鼠，各種動物和我一起戰鬥以便帶回我的妻子。我想你們也做不到！

我聽說有個人的妻子和他的一個朋友私奔了……三天後他報案了：「請這麼紀錄：我的妻子消失了三天。我朋友也消失了三天。可能是她和他一起私奔了。」

櫃檯的人說：「我為你感到抱歉。我非常同情你，但是你找錯人了。這兒是郵局。你應該去警局。首先，你這三天都在哪兒？其次，你三天後來報案，卻到郵局報案！你不知道警局在哪嗎?在對面!」

那個人說:「我知道,但我妻子以前跟人私奔過。我報警後,那些笨蛋把她帶回來了!我不會去警局報案。這是可以確定的。如果你要接受我報案就接受,否則我要回家了。」

羅摩對待妻子的方式並沒有很紳士。你會很驚訝,當希達在戰後回來——羅摩贏了戰爭,希達回到他的營帳——他的第一句話是非常難聽的。他無法說出任何深情的、好聽的話。他說了非常不尊敬女人的話:「聽好,女人。我不是為了妳而戰。如果我願意,我可以擁有很多像妳一樣的女人。我是為了家族的榮耀、繼承的一切、祖先、他們的名聲和面子而戰。那才是這場戰爭的原因。妳只是一個表面上的藉口。」

你要我說這樣的話嗎?我無法想像⋯⋯然後他強迫她接受火的考驗以確認她是否還是貞潔的女人。

如果他真的是男人,他就應該和希達一起接受火的考驗。他也離開妻子三年了。而且心理學證明女人維持獨身的時間可以比男人長,因為女人的性徵是負向的,而男人是正向的。希達沒有要求他一起接受火的考驗是好的。她證明自己在某方面是更高等的、更優秀的、更神聖的。羅摩完全比不上她。

他還敢要求她接受火的考驗。你不應該有雙重標準。應該彼此都用同樣的標準。一個被無數人膜拜並認為是神的化身的人至少應該能做到這點。

還有很多事,但有一件事是我想要強調的。四分之一的印度教徒是首陀羅。好幾世紀來,印度教和它的教士剝奪了四分之一的人權。他們像牲畜一樣被對待⋯⋯甚至更糟。他們不能看吠陀，甚至不能聽到。他們失去所有心靈進化的機會。

一個婆羅門帶了一個首陀羅到法院並對羅摩說：「我們在念誦吠陀時被他聽到了。他躲在樹後。請你處理這個情況。」

羅摩怎麼處理？——非常不人性以致於你無法相信。他下令把熔化的鉛液倒進那個人的耳朵裡。那就是他的處理方式！你要我做這種事嗎？

這件事就足以讓我認定羅摩不能宣稱他成道了。他只是被教士控制——一個傀儡。

你以為成道的人並不一定真的成道。可能只是傳統的觀念使你這麼認為，你從未想過事情的真假。或者你不敢去思考，因為那會動搖你的信仰。你們大部分的成道者都沒有成道。成道的人一定是與眾不同的，因為每個成道者有自己的特質。

佛陀不會和馬哈維亞一樣；馬哈維亞不會和菩提達摩一樣；菩提達摩不會和芭蕉一樣。芭蕉不會和巴爾謝姆一樣，因為芭蕉是一個詩人，最高層次的詩人。在他成道前，他詩意般的創造力已經來到一定高度。當他成道後，他的成道自然會透過他的詩表現出來。

馬哈維亞的生命沒有出現過任何詩意。你不能期待他成道後會寫詩——那不可能。那不是他的能力、天賦、才能。

芭蕉寫過最短的詩。在日本，它們被稱為俳句詩——只有幾句話。世界上沒有出現過這麼短的詩，同時又含有這麼多的意義——如此深奧、意義深遠。其中一首會使你了解為什麼我的方式就是放下。芭蕉的俳句詩是：

靜靜的坐著，

不做任何事——

綠草會自行生長。

就這樣，但是它已經被世界上偉大的天才宣稱是其中一個對宗教性的最佳表達。「靜靜的坐著，不做任何事——綠草會自行生長。」你要做的就是不做任何事。你必須只是靜靜的坐著等待。你不需要為了讓綠草長高而拔它，它會自行生長。在寧靜中，在絕對的無為中，你的靈性會自行成長。

他還有一首俳句詩，可以解釋靜心的意思——及不嚴肅的靜心：

一個古老的池塘⋯

只要想像，因為它只有幾句話。如果你錯過了⋯唯一錯過的方式就是你沒有想像，你陷在文字中。裡面的文字很少，等你意會到它們的意義，它們已經離去了。

古老的池塘，

青蛙跳進去——

噗通！

整首詩只有這樣。讓我幫你去想像：一個古老的池塘，周遭非常安靜——池塘甚至沒有任何漣漪。突然有一隻青蛙跳進去。牠跳進池塘產生了噗通聲。

但這個聲音加深了古老池塘的寧靜。那就是他想要說但卻沒說出來的。噗通聲的逝去加深了寧靜。也許你沒有察覺到寧靜。那兒是如此的寧靜，但你可能認為理所當然。你可能忘了，但青蛙提醒了你。透過跳入池塘產生的一點聲音，然後是全然的寧靜，你會感激那隻青蛙。那不是打擾；你不會生氣。如果你是一個嚴肅的靜心者，你會想殺了青蛙。

你從遙遠的的地方來到古老的池塘邊靜心——這隻青蛙似乎是你前世的仇人。而且這時候打擾對嗎？如果你是嚴肅的，你就錯過了。如果你是不嚴肅的、玩樂的，你會很享受青蛙的出現。你會感激牠，因為牠加深了寧靜。

沒有任何事勝過這一切了——一個加深的寧靜，不斷的持續下去、持續下去⋯

我是完全支持生命的，我要你的生命是一個美麗的經驗，一個進入狂喜的偉大旅程，一刻接一刻的。

對我而言，靈性和神聖的經典或宗教是無關的。如果你可以有點幽默感、玩樂心、可以花點時間待在古老的池塘旁，它在你的內在中會有所成長。

允許寧靜⋯寧靜是唯一存在的奧秘。

第五章
某個屬於神聖的

奧修，是否可以請你解釋男人和女人的真正差異？

心理學運動基本上是一種男性沙文主義，奇怪的是它對女人的剝削勝過了對男人的剝削。

男人和女人的差異大多是因為數千年來的制約。那些都和天性無關，是剩下的少部分差異使他們擁有獨一無二的美和個體性。那些少部分的差異可以很容易就指出來。

其中一個是女人可以創造出生命；男人不行。就那部份而言，他是較差的，這個較差的感覺是男人支配女人的一個主要原因。這個自卑感造成的運作方式會是：假裝是較優秀的——欺騙自己和全世界。所以自古以來，男人摧毀了女人的天賦、能力和才華，以便對自己和全世界證明自己是較優秀的。

因為女人可以生育，她在這九個月中完全是脆弱的、依賴男人的。男人用非常醜陋的方式從中剝削。那是生理上的差異；但它不會造成任何不同。

女人的心理因為男人一直告訴她不真實的事情而受到汙染，使她變成奴隸，把她變成這個世界的次等公民。原因是他的肌肉比較有力。但肌肉的力量屬於獸性的一部份。如果用這來決定優劣，那很多動物的肌肉都比男人還要有力。

男人和女人確實有些真正的差異，我們必須從一堆發明出來的差異中找到它們。其中一個我發現的差異是，女人比男人更能愛。那是某種更高層次的、更偉大的；它是一個心靈的經驗。那就是為什麼女人是一夫一妻制，男人則是一夫多妻制。男人想要擁有全世界的女人，但他仍然不會因此滿足，他的不滿足是沒有盡頭的。

女人可以滿足於愛一個人，完全滿足的，因為她在意的不是男人的身體，而是內在的特質。她愛上男人不是因為一個美麗的、肌肉發達的身體，而是因為他的魅力——某種無法描述且非常吸引人的——一個有待探索的奧秘。她要她的男人不只是個男人，而是一個去發現意識的冒險。

就性徵而言，男人是非常虛弱的——他只能有一次高潮。女人則是遠遠勝過男人的——她可以有很多次高潮。這一直是其中一件最令人煩惱的事。男人的高潮是局部的，侷限在生殖器的。女人的高潮則是全然的，不侷限在生殖器的部分。她全身上下對於性都是敏感的，她可以擁有千倍大於男人的、深入的、更豐富的、更滋養的美麗高潮經驗。

不幸的是必須先讓她的身體升起情慾，但男人不感興趣，他從不對那感興趣。他只是把女人當成性機器，用來釋放自己性方面的緊張。幾秒鐘就結束了。當他結束時，女人甚至還沒開始。

當男人結束後，他轉過身呼呼大睡。性行為讓他可以睡得很好——更放鬆，所有的緊張都在那個性行為中釋放了。女人為此傷心流淚。她甚至還沒開始，她什麼都還沒有做。她被利用了，那是生命中最醜陋的事：把妳當成東西、機器、物品來利用。她無法原諒利用她的男人。

為了使女人成為性高潮的夥伴，男人必須學習前戲，不要急急忙忙的上床。他必須把做愛當成某種藝術。他們可以找個地方，一個愛的廟宇，點了香，不要刺眼的燈光，只要蠟燭⋯當他心情好的時候，他應該接近她，以便可以分享。但常發生的情況是男人和女人做愛前都是在爭吵。那毒化了愛。愛變成一種結束爭吵的協定——至少今晚。那是在賄賂、欺騙。

男人做愛的方式應該像畫家在畫畫——當他感覺那個渴望充滿他的心——或者像詩人作詩、音樂家在作曲。女人的身體應該被當成樂器；她是樂器。當男人感覺到喜悅，那麼性就不只是放鬆、釋放、幫助睡覺的方法。會有前戲。他和女人跳舞、唱歌——美麗的音樂在愛的廟宇裡面震動著，點著他們喜愛的香。它應該是某種神聖的，因為日常生活中沒有任何神聖的事物，除非你讓愛是神聖的。那將會是通往超意識之門的開始。

愛不該是被迫的，不該是一個企圖。不該是頭腦的某個東西——你玩樂、跳舞、唱歌、享受⋯身為這個喜悅的一部分。如果它發生了，那會是美麗的。

當愛發生了，它有一種美。當愛是人為的，它是醜陋的。

當你在做愛時，男人在女人上面：所謂的傳教士姿勢。東方意識到這其中的醜陋，男人是比較重的、高大的、孔武有力的，那是在壓垮一個嬌弱的存在。

東方的方式一直是相反的：女人在上面。被男人壓在下面的女人無法移動。只有男人在動，所以他在幾秒鐘之內達到高潮，而女人只是流下淚水。她是伴侶，但卻沒有參與到——她被利用了。

當女人在上面，她有更多移動的空間，男人比較不能移動，那會使他們高潮的時間點更接近。當雙方都進入了高潮，那會是屬於另一個世界的。那會是初次瞥見到三摩地；瞥見到人不是他的身體。他忘了身體的存在、世界的存在。雙方都進入了從未探索過的新面向。

女人可以有很多次高潮，所以男人必須盡可能的慢。但事實是，他做每件事都很急以致於摧毀了整個關係。他應該要非常放鬆以便女人可以有很多次高潮。他的高潮應該要等到女人的高潮到達高峰時來到。那只是一個需要了解的問題。

這些差異是自然的——和制約毫無關係。還有其他的差異。例如女人比男人更處於中心；從在母親的子宮時就開始了。一個生過兩、三個小孩的母親在懷孕幾個月後可以辨認出要生出來的是男孩或女孩，因為男孩會在子宮裡面踢來踢去。但女孩會保持安靜。所以那和制約無關。

女人是更穩重的、安靜的、耐心的、擅於等待的。也許是因為這些特質使她較不會生病，活得比男人久。因為她的穩重、嬌弱，她可以滿足男人的生命。她可以為男人帶來非常撫慰、舒適的氛圍。但男人會害怕——他不想要女人在他身邊，他不想要她在他身邊創造出舒適溫暖的氛圍。他害怕是因為這樣他會依賴她。所以好幾世紀以來，他一直和她保持距離。他害怕是因為在內心深處，他知道女人是比他更多的。她可以創造生命。大自然選擇她來繁殖，不是男人。

男人在繁殖上的功能幾乎沒有。這個自卑感創造了最大的問題——男人開始切除女人的翅膀。他開始在各方面貶低她、譴責她，這樣他就能相信他是較優秀的。他對待女人就像牲畜——甚至更糟。

在中國，幾千年來，女人被認為沒有靈魂，所以丈夫可以殺掉她，法律不會干預——她是他的財產。如果他想要摧毀他的家具，那不違法。如果他想要摧毀他的女人，那不違法。那是最大的侮辱——女人沒有靈魂。

男人不讓女人受教育、沒有經濟能力。他剝奪了她在社會上生存的能力，因為他在害怕。他知道她是更優秀的、美麗的，他知道讓她獨立會帶來危險。所以好幾世紀來，女人一直無法自主。

女回教徒必須把臉遮住，除了她的丈夫，沒有人可以看到她美麗的臉、深邃的眼睛。

至於女印度教徒，當丈夫死了，她也必須死——多麼大的嫉妒。你一輩子都在佔有她，你甚至死後還想佔有她。你在害怕。她是美麗的，當你死了，誰知道？她可能會再嫁，也許是比你更好的男人。

所以這個陪葬的習俗已經持續好幾千年——你所能想像到的最醜陋的現象。丈夫死了。也許女人還很年輕，由於她正值青春年華，於是她必須跳進火葬堆。為了確保可行，因此做了些特別的安排。大量純化過的奶油被倒進火葬堆裡。產生了非常多的煙以致於你看不見發生了什麼事。就像一朵黑雲掩蓋住整個火葬堆。如此炎熱以致於樂隊必須站得遠遠的——大喇叭、鼓和各種樂器演奏著，試圖讓一切看起來是個慶典，但事實上是用來掩蓋住女人被焚燒時所發出的尖叫聲。

她想要逃走，但是火葬堆旁邊圍繞著拿著火把的教士，如果女人想要逃走，他們會把她推回火葬堆。在樂隊後方有非常多的教士，大聲朗誦著古吠陀咒語。

整個情況的安排只是為了殺了一個女人，而且沒人知道她的死不是自願的。然後在外面的群眾是喜悅的、歡呼的，因為這是偉大的事件——女人在丈夫生命中的最後一刻證明她的愛。

多少女人因為嫉妒的男人認為在他死後不再有任何承諾而被燒死？

直到在印度的英國政府禁止這個習俗，因為那只是謀殺，沒別的了。但印度人再次找到方法不讓寡婦改嫁。他們剪光她的頭髮——那些美麗的頭髮是她的一部分。他們拿走她所有的裝飾品，並說她不能穿任何顏色的衣服，她只能穿白色的衣服。他們試著在各方面使她是醜陋的。她無法參加任何慶典…她被遺棄了。即使在自己的房子裡面，她也不能進廚房，只能坐在外面。她不能要求任何她想要的東西。無論給了她什麼，吃剩的飯菜，她只能靠它們活下去。她不能睡在床上，她必須睡在地上。

這比死還糟。她也許可以用這樣的方式活五十年，但必須做家裡所有卑賤的工作，必須使自己不讓人們注意到。

男人是非常自我本位的。那就是為什麼我說他是男性的沙文主義者。男人創造了這個社會，在這個社會裡面沒有任何空間留給女人——而她有很多特質。

例如，如果男人可能是有智慧的，女人可能是帶著愛的。那不表示她沒有智慧；她也可以是有智慧的，只是要給她機會培養。但愛是她與生俱來的——她是比較有同情心的、體貼的、善解人意的。

男人和女人是同一把豎琴上的兩根弦，但彼此都在承受分開來的痛苦。由於他們都在受苦，但卻不知道原因，他們開始報復彼此。

女人對於創造出一個有機的社會可以有很大的幫助。她和男人是不同的。她和男人是對等的。她有自己的天賦，那些絕對需要的天賦。

只會賺錢並不夠，在世界上獲得成功並不夠；更需要的是一個美麗的家，而女人可以把任何房子變成家。她可以用愛填滿它；她有那樣的敏感度。她可以使男人恢復活力，幫助他放鬆。

對於剛結婚的新人，奧義書中有一段非常奇怪的祝詞。新人來到先知的面前，然後他給了祝福。他對女方說：「我希望你會成為擁有十個孩子的母親，然後你丈夫會成為你的第十一個孩子。除非你成為你丈夫的母親，否則你就不算是一個真正的妻子。」奇怪的話語但卻含有很重要的洞見，因為這就是現代心理學發現的，每個男人都在從女人裡面找尋他的母親，每個女人都在從男人裡面找尋她的父親。

那就是為什麼每個婚姻都失敗了：你無法找到你的母親。你娶的女人不是為了成為你的母親而嫁給你，她想要成為你的妻子，愛人。但奧義書的祝詞，幾乎五、六千年之久，為現代心理學帶來一個洞見。一個女人，無論她是誰，基本上都是個母親。父親是一種被發明出來的制度，它不是自然的。很快父親就會是過時的。

一旦基因學有所進展，更科學、更臨床、更保健的方式會是父親把精子捐給醫院，然後醫學專家把適合的精子注射到女人裡面。每個男人都不該成為父親。因為偶然的父親身分使得地球充滿了盲人、跛子、瘋子、智障⋯那不可能是意外。

精子可以來自某個人；為了幫助小孩，你必須大方點，這樣他們才不會一生都是瞎子或跛子。此外，你可以向醫生要求你想要什麼樣的孩子。

主要的精子會顯示出小孩的特徵。如果你想要科學家，就可以知道這個人是否會成為一個科學家——或者偉大的詩人、工程師、醫生，或者只是個流浪漢。無法預期的生育將會消失，有計畫的生育將會取代它。只是需要一點時間讓愚蠢的人類頭腦習慣這個新想法。

但母親是必須的。他們做過實驗：用各種設備、藥物、食物⋯各種科學的幫助，但奇怪的是小孩仍然越來越瘦，並在三個月內死亡。後來他們發現要讓生命成長，母親的身體和她的溫暖是不可或缺的。在這個巨大寒冷的宇宙中，這份溫暖在一開始是需要的，否則小孩會感覺被遺棄。他會變瘦然後死掉。

男人不需要感覺比女人低等。會有這個想法是因為你把男人和女人分為兩個種類。他們都是人，擁有互補的特質。他們都需要彼此，只有當他們在一起的時候才是完整的。

你會驚訝的知道，印度教所有的神都有自己的配偶。只有印度教才這樣，而且這發生在比佛陀和馬哈維亞更早的年代。

濕婆有自己的妻子，帕爾瓦蒂；毗濕奴有自己的妻子，拉克斯米⋯⋯印度教所有的神都有自己的妻子，而且那似乎是正常的事。馬哈維亞和佛陀創造了禁慾的概念。在他們之前的所有印度文獻都沒有這樣的敘述，但是這個想法對於男性沙文主義者是很有吸引力的⋯⋯

然後基督教出現了，那是佛陀涅槃後五百年。耶穌在佛陀涅槃後到過印度，他看到獨居的僧侶。但他不了解他們是辛苦的，少了某個東西，某個非常重要的東西。這些人變成乾枯的、沒有汁液的、沒有愛的。情況一定會這樣，但這就是人的頭腦如何受到影響的。人們對這些僧侶的興趣勝過濕婆和毗濕奴，因為他們說：「祂們跟我們一樣都有妻子，但這些僧侶是真正的禁慾主義者。他們放棄了一切，包括妻兒、家庭和金錢。這些人是更優秀的。」印度教放下身段支持耆那教和佛教。自然的，出於反應，所有的阿闍黎都把禁慾導入印度教以便和耆那教、佛教競爭。

生命應該是輕鬆的。差異並不是矛盾。它們可以幫助彼此、強化彼此。愛你的女人可以強化你的創造力，可以激勵你到達做夢都沒想過的高度。而她一無所求。她只是想要你的愛，那是她基本的權利。

使男人和女人不同的東西大多是被制約的。剩下的差異應該被保留，因為是它們使男女互相吸引，但不應該譴責它們。

在西方，女性解放運動摧毀了女人，因為它強迫女人和男人平等。這不是平不平等的問題。和男人平等使得女人失去某種柔軟、優雅和美——我可以看到這個現象正在發生。

在東方，你會看到女人位於社會的最高層級，那是西方所看不到的。西方的女人試著變成男人。她也許會成功——但她永遠都會是二流的男人。她應該試著成為一流的女人。

我發現西方的女人在每方面都逐漸失去了優雅。她們的穿著、行為、語言……優雅正在逝去。只是為了和男人競爭，她們抽菸。現在，印度有教養的、高社會層級的女人沒有想過抽菸，除非她被洋化了。她不會想要穿男人穿的衣服，因為那不只是衣服——它們會改變你的身體。頭腦會改變一切。

西方女人的乳房越來越小，它們帶給她一種美麗的弧度，某種獨一無二的。繪畫、詩、文學的整個歷史都在談論女人美麗的乳房，但西方的女人正在失去它們。怎麼回事？是頭腦的改變。她正失去她的屁股。她變成直線的，沒有弧度。那些弧度使她的身體是一個美麗的現象——它們真的是一個驚人的藝術。她的比例越來越不相稱。她的臉越來越粗糙、乾枯。連西方最美麗的女人也看起來很冷酷，準備要打架一樣。那對女人的氣質或自由都不會有幫助。

成為二流的男人不是自由。自由是成為一流的女人——男女平等是因為他們分別是同一整體的一半。在東方，你會驚訝的知道即使所有的男人都錯誤的對待女人，女人仍然維持她美麗的一切。有一個古代的故事，真實的故事：

有個男人一直在召妓。妻子知道這件事，但說出來有違她的優雅，所以她從未提過。她從沒問：「你去哪了？」

她服侍他，她照料他。當他快死了，他問了她：「妳是我這一生唯一的慰藉。知道一切卻沒問過我：「你去哪了？為什麼這麼晚才回來？為什麼這麼晚出去喝酒？」妳持續服侍我一生，彷彿沒有發生什麼不對的事。我只能請求妳把我送到妓女的住處——我想見她最後一面。」

妻子把他送到妓女家裡。妓女無法相信。她跪在女人面前。

女人說：「這不算什麼；我愛他。如果他不愛我，那不是我能控制的——他是自由的。我的愛不是束縛。他請我把他送到這兒，我做到了；讓他平靜的死去吧。他是美麗的，從未騷擾過我。我愛他，妳也愛他，所以我們是姊妹。我們都愛著同樣的男人。妳很幸運有他愛著妳；我是不幸的，他不愛我，但是他尊敬我。」

這就是優雅：我想到另一個故事。你們都聽過摩訶婆羅多大戰⋯

那是家族間的戰爭。兩個兄弟有各自的兒子，問題在於誰將會勝利。其中一個是瞎眼的；

他有一百個兒子和很多王后。但是他娶的第一個王后從未睜開眼睛過。她一直戴著眼罩，二十四小時，終其一生。

他的丈夫和朋友勸她：「這算什麼？」

她說：「如果我丈夫看不見，那我也不會睜開眼睛。如果我丈夫看不見日出和美麗的花朵，只是我看到有什麼意義？」

她終其一生是幾乎瞎眼的。

這是極大的優雅。沒有人要求這麼做，它帶來它自己的美。

有很多史實證明了女人的愛的美、壯麗、神聖和高度。男人失敗了，但女人沒有失敗。

我想要雙方都成為一個有機的整體，同時保持完全自由的，因為愛永遠不會創造束縛，它帶來自由。然後我們就可以創造一個更好的世界。世界上一半的人的貢獻被否定了，那一半，也就是女人，對世界有極大的貢獻。可以使世界成為一個美麗的天堂。

所以我不會說他們應該要平等、穿同樣的衣服、行為像男人一樣、講粗話，只因為男人這麼做。

女人應該為了自己的潛力去尋找她自己的靈魂，並且開發它，然後她將會擁有美麗的未來。

男人和女人不是平等的，也不是不平等的，他們是獨一無二的。兩個獨特存在的會合為存在增添了幾分神秘。

奧修，你為什麼總是強調女人比男人更適合管理、監督和看顧？這是否來自你在社區的經驗？或者那只是個理論？

我不關心理論。我說的一切都是實際的經驗，而且除非是我實際觀察過的，否則我不會提出和它有關的敘述。理論是後來才出現，事實會先發生。

女人已經好幾千年沒有掌權過。男人一直在掌權，而他只帶來戰爭和毀滅。那並沒有使人類進化，反而一直在服務死亡。

我要女人掌權。目前會有些困難，因為女人是如此壓抑以致於它將會爆發。她可能會走到另一個極端。就像一個人禁食了十天，然後你把美味的食物放在他面前。他一定會吃超過他所需的。他可能會不舒服。禁食所無法做到的，美味的食物將能做到——他甚至可能會撐死。

由於數百萬年來的壓制，有一段過渡期是我們需要承受的。但是那會過去；會需要些時間，但它會消失。當女人了解自己擁有的力量，她不會報復，她不會恨男人。只是需要時間讓整個過去從女人的無意識中被抹除。

女人更適合擔任統治者，因為她更有愛心，更有人性——她是更仁慈、更有同情心的。

最後，沒有誰掌權的問題。無論男人或女人，有這個能力的人就掌權。掌權者的基本特質是他應該為人們服務，他掌控的力量不是用來折磨別人。

所以最後會是男女混合的。在每個層面——辦公室、家裡、政府、戶外——每個地方，都應該了解男人和女人並不是分開來的族群。

但我們必須悔悟過去，為過去做的一切彌補女人。過去對她們造成這麼大的傷害——誰來抹除她們意識裡面的整個歷史？

一開始她們會是猜疑的。一開始她們可能會喊著要報復，但很快就會平靜下來。人們為了已死的人對她們的折磨而補償她們，她們不會報復那些人們，我們沒有折磨她們；她們無法仇視我們。

需要一點時間才會平靜下來，也許是幾年。讓男人和女人一起參與生命的每個階段。從幼稚園到大學，他們都應該在一起，而且必須讓他們了解，他們是互補的。不該讓他們變成相似的，他們應該保有自己的個體性。他們應該尋找他們之所以是女人或男人的原因、尋找他們不同的地方——不是因為制約，而是了解。

我們必須創造一個沒有誰比較優秀或誰比較差的世界，那會是一個更自然的世界。

你到別人家裡可以立刻看出是否有女人住在裡面。她有一種美感，某種對美的了解。男人是粗糙的；他沒有美感。他可以一直住在房子卻不會去關心房子的外觀，他仍會是快樂的。他少了那個敏感度。

我在大學念書時——我是個懶人。我的床就在門旁，這樣我就可把鞋子放在門外，直接跳上床睡覺。這樣我就不用擔心房間其他地方。我從未注意房間的其他地方，因此累積了很厚重的灰塵。

我的班上有兩個女孩。有一個很關心我。她每周日都會來打掃我的房間。我說：「妳在浪費時間，因為我從未深入房間。妳可以看到我的床在門旁。我可以直接跳上床，然後關門睡覺。我何必擔心整個房間並打掃？我無法做這些事！」

她說她整周都在擔心我的房間，它不應該看起來這樣髒亂。

當她來打掃房間，我可以了解結果會是不同的，她把牆上的照片放正，整理我的書，把它們放在正確的地方。我知道打掃後會有很大不同。房間變美了。但是我說：「妳無法讓我這麼做。我感謝妳做的一切。我很愛這一切，但我無法做到。」

兩年來，她每周日都來打掃。她是市稅務官的女兒，那變成學校裡面很大的醜聞，因為她家裡有很多僕人。而且稅務官是行政區最高官員。她希望有一天我能學習，但是我說太遲了。而且到了晚上，房間裡面都是暗的，誰在乎書上有沒有灰塵，房間裡面是否有灰塵？

女人有一種美感、喜愛整潔、把東西放好。在日本，女人學了很多技藝。插花⋯⋯甚至倒茶也是一種禮儀，倒茶的方式彷彿是在靜心。

女人會有很大的貢獻，使人類的社會更雅緻、更美麗。如果女人在社會每個方面都扮演一個重要角色，我不認為我們會有戰爭，因為每當男人要戰爭，受害的都是女人。母親會因為兒子戰死而痛苦，或者妻子用一生的時間等待永遠不會返回的丈夫。

男人戰鬥；女人受苦。每當有一個國家入侵另一個國家，奇怪⋯⋯士兵都會強暴女人，彷彿真正的目的不是征服那個國家，而是強暴女人。

女人才是輸家。每當父親、丈夫或兒子死了⋯⋯總是女人受苦，然後她被強姦，殘忍的強姦。那些士兵無法愛，他們只會強姦。

所以我的想法是讓女人保持她的獨特性。我們不要第二手的男人；那是侮辱。

男人也應該保有他的獨特性。男人和女人應該彼此融合，不是矛盾的融合，而是互補的融合，那會改變他們的特質。女人會變得更強壯，男人會變得更敏感，因為現在他們可以像同一個組合，一起運作。

第六章
一切已經如它所是的

奧修，你是誰？

我不是彌賽亞、先知或救世主。我只是個人，差別是我醒了，你還沒醒。你可以把我稱為覺醒者。我斷然否認彌賽亞、先知和救世主的存在。

我的了解是沒人可以拯救任何人——這個概念是侮辱人的。如果某個人可以拯救某個人，他也可以使他溺水，因為這兩個能力是一體兩面的。我不是先知或神的使者，傳遞祂的訊息。就我而言，存在就是神，但不是像人一樣的神。它是一種創造力的特質，但不是創造者。所以有創造力的人會比一直在教堂、廟宇、會堂向不存在的天堂裡的神祈禱的人更有宗教性。他們只是在愚弄自己。

我不是神特別派來的彌賽亞。一開始就沒有派出任何使者的神。其次，如果有一個創造一切的神，祂不需要派這些平庸的彌賽亞來改變人們。祂可以自己做到。這些人想要成為神的使者、神的化身、神唯一的兒子：他們也許不是壞人。他們也許是好人；他們的意圖可能不是邪惡的。我從未懷疑他們的意圖，但他們錯了。因為他們，人類受了很大的苦。

我要人們知道他們可以墜落到意識的最底層，或者上升到意識的最高點。他可以擁有朋友。應該要試著了解佛陀、穆罕默德、耶穌，他們可以是很棒的朋友。他們的建議會有很大的價值，但是把他們當成領袖，當耶穌變成了牧羊人，信徒變成了羊，那情況是醜陋的；完全不人性的。

一旦穆罕默德變成神的先知，使他位居人類之上。那會是一個自我之旅。一旦佛陀被膜拜，毫不懷疑他說的話，那是在傷害人類。我不屬於他們。

我是一個單純平凡的人，跟你們一樣。但我是覺知的，你們沒有。這差異不大——你們可以變成覺知的。

我是有意識的，你們不是。我可以像個朋友，為你們指出那條路，但你們必須去走。我無法帶你們上天堂，因為它不存在。那只是虛構的，用來剝削人們——天堂、地獄——因為這是簡單的心理學，人會被兩個東西控制，恐懼和貪婪。因為恐懼，有了地獄；因為貪婪，有了天堂。

非常容易操縱人們，使他們在這兩端移動。沒人想要永遠待在地獄——每個人都想待在天堂，永遠擁有全部的寶藏。自然的，如果你想要天堂，不要地獄，你就得跟隨那些自稱是神唯一的兒子、神的先知的人。

人類已經受了好幾千年的苦。沒有任何先知、救世主或彌賽亞有過任何幫助；相反的，他們為人類帶來各種麻煩。他們創造了不同的宗教，必須強調這點——真理無法組織化。它不是透過群眾得到的；它是完全屬於個人的。

一個人獨自進入他的內在，完全單獨的，尋找它。每個人生下來是為了成為完全有意識的存在。那就是我說的宗教性。對我而言，無論你做了什麼壞事，那是因為你是無意識的。無論你做了什麼好事，只有當你是有意識的，你才能做到。所以我把你們的宗教和道德觀濃縮成兩個單純的原則：無意識的行為，你就是在造成傷害；有意識的行為，你就會營造正確的、美麗的生活。

這些人試著使自己的地位高於人類是因為人們一直過著心靈被奴役的生活。人們不想要自由；所以他們想要成為救世主來拯救人們。他們想要神派來的先知帶來訊息給他們。他們沒興趣自己去進行一場朝聖之旅，所以他們很高興有人幫他們做了。而那些假裝是神的先知的人則是在滿足自我。他們也許是好人，但內心深處則流動著難以察覺但卻無法否認其存在的自我。

我沒有任何自我。

我只想待在人群中，跟他們一樣。也許這是唯一能幫助他們的方式。當某人處於如此高的位置以致於你甚至無法碰到他的腳時，你會以為這是某些人才會有的經驗。你不是神唯一的兒子，最後的先知，神的化身。但這個距離給了那些人機會。他們能做什麼？你在地上行走——差距太大了，需要好幾世才能接近他們。這似乎是合理的，同時他們可以享受連國王和皇帝都沒有的特權。

宗教性的未來會是像我這樣無自我的人，不會創造任何差距；相反的，摧毀所有距離，變得跟每個人一樣普通和平凡。然後我可以牽著你的手。如果我知道方法，我們可以手牽手一起進行。

記住，最終，你不用感謝我；相反的，我要感謝你允許我牽著你的手，因為我擁有這麼多的經歷、狂喜、宗教性、真理，以致於我想要分享。透過分享使它成長。你越分享更多內在的經驗，你就會得到越多。那是取之不盡的源頭。

奧修，一個基督教徒要如何了解？你對耶穌和他的主張的了解是什麼？

這個問題有很多暗示。首先，奉行基督教教義的基督教徒無法了解我。他的基督教教義會是阻礙，就像印度教教義會是印度教徒的阻礙，佛教教義會是佛教徒的阻礙，回教教義會是回教徒的阻礙。

什麼是基督教教義？它是一種信仰體系，不是經驗，而是一種偏見。你一直被這樣的方式帶大以致於你被基督教對生活的態度所制約。如果你想了解我，那個基督教的制約會是阻礙。它會反對，因為我不相信宗教的存在。我知道的是唯一的宗教性。你攜帶著既定的準則、教義、信仰——而我的方法是科學的，不是迷信的。

我要你懷疑你所有的信仰，因為信仰只是在掩飾無知。我要你不要有信仰。信仰的產生不是因為你創造它。而是因為你了解真理，達成了自己。那會是完全不同品質的信仰。一般的信仰只是慰藉。

我在美國入監時，他們給了我一本聖經。獄警是個好人，他關心我在監牢裡能做什麼，於是他認為給我聖經會有幫助。他說：「你會很喜愛它的。」

我說：「這是什麼？」

他說：「這是神的話語。」

我問他：「你如何區分神說的話和人說的話？——因為這些都是人說的話。你是一個知識份子，非常和善的人，而且我要提醒你，印度教徒認為吠陀是神說的話，佛教徒也這麼看待他們的經典，回教徒把可蘭經當成神的話語⋯⋯有這麼多互相衝突的經典聲稱是神的話語，你要如何知道誰是正確的？」

他說：「我從沒想過這件事。」

我說：「你知道你的聖經裡面有五百頁的內容充滿了色情嗎？你有從第一頁讀到最後一頁嗎？不要說謊，因為你的手放在聖經上——你已經宣誓了。」

他猶豫一會兒說：「你是對的。我從未從第一頁看到最後一頁。我只有每周日在牧師佈道時看了幾頁。」

我說：「你看完它。至少有五百頁在談論色情。如果人們看過那五百頁，那聖經就該被每個教會、圖書館和學校當成禁書。每個政府都該立法規範，聖經是曾經有過的其中一本最醜陋的經典。」

「但是，」他說：「裡面談到神。」

我說：「這句話表示你不確定祂的存在，你沒有經驗。你沒遇過祂，你只是像鸚鵡一樣的重複。」

每一代都在把自己的制約傳給小孩。小孩不能懷疑或詢問：這整個馬戲團表演持續進行著。

你知道有些宗教是沒有神的嗎？佛教和耆那教沒有神，他們的理由是非常合理的，幾乎無法反駁。他們說：如果所有一切都需要被創造：那是有神論者的論點，一切萬物都是被創造出來的。這整個存在不會沒來由的出現，它一定是被創造的──我們需要一個創造者。佛教和耆那教說：我們接受你的假設，但我們要問，如果神存在，那是誰創造祂？如果祂不是被創造的，那你的邏輯就不成立了。有的東西不是被創造出來的。所以何必從這個神到那個神再到另一個神？這會一直回推。你永遠不會知道誰是最初的神。這個問題會一直造成困擾：是誰創造一切？

了解到這個荒謬，我們接受存在是永恆的、不是被創造出來的──沒有神。

我們經驗到存在不是物質──它是有意識的，完全有意識的。

如果基督教徒想了解我，他必須先把基督教教義放到一旁，這樣他才能直接聽到我說的，而不會被基督教教義干擾。否則都一樣——基督教徒或共產主義者，印度教徒或法西斯主義者，他們充滿了毫無根據、未曾深究的觀念。他們只是相信。所有的宗教都在教導自己的教義。把它們稱為信仰。

我的方法是科學的。科學主張懷疑，持續懷疑直到你消除所有不對的，直到你無法懷疑。那個存在，那個經驗，創造了你和它之間的和諧一致。那才是信仰——不是某個學到的，而是經驗到的。

所以基督教徒可以了解我，但是他必須擺脫他的基督教教義。

就耶穌和他的教導而言，第一個要注意的是他從來不是基督教徒。他是猶太人，他以猶太人的身分出生和死去。他一生的努力就是讓猶太人接受他是他們長久以來一直在等待的彌賽亞。他從未聽過「基督教」或「基督」這些字。

這是個奇怪的現象，基督教徒一直在膜拜一個猶太人，而這猶太人畢生只教導一件事——承認他是猶太人的彌賽亞。耶穌死後才三百年，他的希伯來語敘述就被翻譯成希臘文，「彌賽亞」翻譯成「基督」，而他的信徒變成「基督教徒」。

耶穌從未察覺到他在創造一個新宗教。他確實有一些美麗的話語，但和老子、莊子或奧義書的先知相比並不算多。他的話語很少，但那些只是看起來美麗而已。我會分析其中一些話語，這樣你就能了解。

他說：「貧窮的人有福了，因為他們將會繼承神的王國。」這是窮人的鴉片，因為這段話承諾他們：「你死後就能得到偌大的喜悅。貧窮是你唯一偉大的心靈特質。」然後他又說：「駱駝可以穿過針孔，但富人無法通過天堂的門。」這就是窮人為何一直是窮人——期望死後會有某件事發生。富人永遠不會在意這類胡扯——我認為他們是對的。如果你可以在這兒富有——這兒是神的世界，根據基督教徒的說法——那你為何不能在另一個也是神的世界富有？這不合邏輯。

而這兒的乞丐，他們為什麼在神的世界會是乞丐？他們為什麼是有福的？如果他們是有福的，那全世界都應該是貧窮的。也許那就是現況。全世界變得越來越窮。日益增加的人口，飢餓的人在衣索比亞餓死——幾乎是每天一千人。一般的窮人會排在很後面；衣索比亞人會先得到。

而且已經過去一段很長的時間。這期間曾經有過多少窮人活著，所以神的天堂一定擠滿了乞丐和窮人、沒受教育的、沒有教養的、原始的……而貧窮是所有罪行的原因。那不是祝福，而是詛咒。但是當耶穌這樣對窮人說——事實上他沒接觸過富人——他是在安慰窮人。這些安慰是危險的。

馬克思是對的，這些彌賽亞和先知一直在提供鴉片給人們，這樣他們就看不清事實，繼續活在虛幻的世界中。不，窮人不是有福的！他們在受苦。你很有勇氣，居然說他們是有福的。

我們知道得很清楚，富人在這兒想辦法獲得成功。他們知道如何成功的所有方法。他們過著奢侈、舒適、應有盡有的生活。事實上他們已經被訓練好了。這一生是個學校，他們是進入天堂的適合人選。窮人在那兒要做什麼？他們完全沒做好準備。他們不會了解發生了什麼。如果神是慈悲的，那祂為什麼在這兒這麼殘酷？

耶穌說：「如果某人打了你一邊的臉，讓他打另一邊的臉。」一句美麗的話，但那只是話語。

我聽說有個基督教聖人一直在引用這句美麗的箴言⋯⋯有個人——一個摔角手，非常壯——有一天站起來打了那個聖人的某一邊臉。自然的，根據他的哲學，他送上另一邊臉。而摔角手打得更用力。

聖經沒提到過——當你奉上另一邊的臉會發生什麼事？立刻的——教會的會眾不敢相信——聖人跳向摔角手，開始用力打他。

摔角手說：「你做什麼？你是一個聖人。你一生的教導就是當某一邊臉被打了，也要送上另一邊臉——而你卻在打我⋯！」

他說：「沒錯，因為沒有第三邊的臉。現在我自由了。耶穌只有提到兩邊的臉。他沒說到第三邊的臉——但也不存在著第三邊的臉。所以你現在不只要接受我的哲學，也要接受我的憤怒和暴力。我畢生都在壓抑。你也許是摔角手，但我的暴力和憤怒會遠勝過你。我會殺了你。」

尼采說過一段很有意義的話。他說：「如果某人打了你一邊的臉，用力打回去。不要把另一邊的臉給他打，因為那是侮辱。」

當某個人打了你的臉，而你把另一邊的臉給他打，你變成超人。你把對方貶成低於人類的物種。這段話是美麗的，但其暗示是非常意味深長的，確實如此。就這部分而言，我同意尼采，而不是耶穌。尼采說：「打他，這樣你才是人。尊敬對方是個人。不要假裝是神。那是醜陋的、自我主義的。」

耶穌說：「愛你的敵人如同愛自己。」但耶穌從未叫人們愛自己。事實上不只耶穌，所有宗教都在叫人們恨自己。那就是苦行如何出現在世界上的。折磨自己、禁食、保持飢餓的、在寒冷中保持赤裸的、在森林中光著腳行走⋯所有宗教都只在教導一件事：恨自己。他們沒提到任何關於自尊的事。看看基督教徒做了什麼。他們對自己做出各種殘忍的行為。

在俄國，有一個最受尊敬的教派。他們切掉自己的陰莖。而女人不打算被打敗——她們切掉自己的乳房。他們被尊敬是因為「他們真的是超越性的人」。

有的基督教支派會穿著有釘子的鞋子，使自己的腳一直有傷口、流血⋯那些傷口無法痊癒，因為那些釘子一直在那兒。他們有同樣形式的皮帶，他們一生都繫著那些皮帶。你把皮帶鎖上後就把鑰匙丟到海裡或河裡。而且皮帶上有釘子穿過腹部直到背部，他們一直製造這類問題⋯而這些人卻被尊敬⋯！

如果這就是愛自己，那麼「愛你的敵人如同愛自己」會是如何？你並不愛自己。沒有任何宗教人士在愛自己。他愛神——不存在的——他恨自己，因為宗教制約了他的頭腦，他做的一切都是罪惡的。性是罪惡的，吃東西要求口感是罪惡的⋯甚至洗澡是罪惡的，因為你在打扮身體。刷牙是罪惡的⋯！如果這就是愛自己的意思，那請不要對你的敵人這麼做。不要對你的鄰居這麼做——耶穌說：「愛你的鄰居如同愛自己。」

這句話表面上看起來很美，但其暗示並不是很美。而耶穌一生假裝是神的兒子——神的唯一兒子。這是瘋狂的。那世界上的這些稱上帝為「父親」的人怎麼辦？你不能說耶穌是唯一的兒子。

我一直好奇怎麼回事，因為在耶穌之前已經經過了無盡的永恆，耶穌之後也兩千年過去了⋯神開始使用生育控制的方法嗎？為什麼沒有第二個兒子？如果神使用生育控制的方法，那麼像梵蒂岡教皇、泰瑞莎修女和其他傳教士在做什麼？他們要人們不控制生育，因為這些小孩是上帝賜予的。如果祂有一個就滿足了，為什麼還要這些窮人⋯

而且看看：基督教的三位一體，有聖父、聖子和聖靈——但沒有女人。這是哪種家庭？為什麼這個家庭裡面沒女人？否則那會是美麗的組織。上帝是父親，女人是母親，還有兒子——剛好是現代的家庭組成。

但這個聖靈在做什麼？上帝如何不透過女人而產生一個兒子的？這個聖靈是雙性的嗎？但為了避開女人，所有宗教都在這麼做。

上帝創造人——根據基督教的說法——用泥土(humus)。那就是為什麼人是human。祂為什麼不能也用泥土做出女人？是因為泥土嗎？太神聖了？不，祂拿了男人的一根肋骨創造出女人。那是非常不敬的，一個人會無法理解為什麼女人是用男人的肋骨創造的。

這顯示出很多事。女人只是男人的一小部分；她無法是對等的。一根肋骨怎會等於一個人？為了貶低她，故事裡提到的方法就是用一根肋骨創造她；否則似乎沒有其他理由。她為什麼不能是對等的？

再次的：故事裡面還有惡魔！它說服夏娃，不是亞當。是女人，夏娃，亞當墮落的原因。必須譴責她，因為她使亞當犯罪。但為什麼蛇不找亞當？為什麼選擇夏娃？這些都是在貶低女人，使男人是偉大的——在女人裡面創造出自卑感。

而且耶穌有什麼證明說他是神的兒子？基督教徒說他的奇蹟就是證明。但如果你去深入了解那些奇蹟，你可以很容易就了解到一件事。他用一條麵包創造出無數人需要的食物；他把水變成酒，他在水上行走，他只是觸碰就治好疾病：他甚至使死人復活，拉撒路。如果任何人做了這些事，你認為當時的書會沒有提到嗎？當時沒有任何猶太文獻提過耶穌或他的奇蹟。

你認為可以做到這些事的人只會擁有少量的跟隨者嗎？有的是漁夫，有的是農夫，有的是伐木工，未受教育的、沒有教養的：這些是他的十二個門徒。沒有拉比、學者、教授——而他做到這些事！如果某個人在加德滿都做到這些事，全加德滿都的人都會在這兒——甚至國王也會在這兒。那會是件大事，史上最重要的。

不，這些奇蹟都是耶穌死後被其門徒發明的。做到這些事的人是個猶太人。根據習俗，三個要被處以十字架刑的人可以有一個被特赦，你能想像猶太人要求對耶穌處以十字架刑嗎？甚至羅馬總督也考慮特赦耶穌，因為他是個單純的人，只有三十三歲。但群眾說：「我們要巴拉巴」——巴拉巴是一個罪犯。他犯了七件謀殺案。他犯了各種罪行，而猶太人卻要求釋放巴拉巴。沒人要求釋放耶穌。

完全無法想像做到這些事的人卻沒有令他們感動。使死人復活卻對人們沒任何影響。他只是碰觸就治好數千人的病，瞎子可以看見，跛子可以走路…即使在二十世紀，這樣的人也會是最引人注目的，會是本世紀最重要的人——不只是年度最重要的。但沒任何人說應該特赦他，反而要求特赦巴拉巴。

整件事就是耶穌是個好人，但腦子神智不清，否則他不會聲稱自己是神的兒子。只有瘋子會這麼做。一個神智清醒的人只會說他是誰。只有神智不清的人才會…所以除非基督教徒把他的基督教制約放到一邊，否則我不認為我跟他們可以溝通。

奧修，現今美國的基督教正朝著彌賽亞的字面意義來思考。這是否和印度教期待毗濕奴的第十個化身降世相關？你的立場是什麼？你的工作是否包括扮演彌賽亞的角色？

不。我只是做我自己，而不是傳教。我討厭穿借來的衣服——所以我會多討厭擁有借來的靈魂？

在美國發生的並不是彌賽亞式的基督教。而是由基督教基要派信徒，雷根總統為首的狂熱盲信運動。原因是，到目前為止，共產主義有其要傳達的訊息和思想體系，而資本主義沒有。就這方面而言，美國輸了。現在地下的運動⋯

我在美國待了五年，我看到的是美國變成越來越狂熱盲信的基督教國家，和狂熱的共產主義國家抗衡。只是表面上稱為民主。它是基督教的王國，最好使用符合事實的名字——那會有很大幫助。

現在這是共產主義和基督教的對抗。那是很大的轉變，但是和印度教期待毗濕奴的轉世無關。

這些期待都是不同種族帶來的。猶太人等待彌賽亞來到。奇怪的是當他來了，他們卻對他處以十字架刑。跟隨者知道他會被釘上十字架，但卻沒為他發聲。這樣的心態是很明顯的：彌賽亞必須一直處於將要來到的狀態，但不能真的來到。必須是未來的一個希望；使人們繼續期望。如果彌賽亞出現就會摧毀希望、摧毀未來。

共產主義的思想體系是沒有神，沒有靈魂。它是絕對的唯物主義。現在美國在嘗試擁有上帝和靈魂的基督教，擁有各種心靈垃圾以便和俄國抗衡。全美國都被基督教狂熱主義份子掌握住。由於這種狂熱使我必須離開美國。他們無法忍受我，因為我只會說出我看到的、感覺到的、經驗到的。我承認耶穌是個好人，但我無法否認他是瘋狂的。他是瘋子。

美國現在的狀況是完全反宗教的。這是非常奇怪的現象：吃、喝和歡樂。與其為它塗上基督教的色彩不如把它稱為享樂主義者的國家。另一方面，在俄國，革命七年後，他們一直在壓制宗教、壓制所有對真理的探詢、壓制比一般生活還要更高層次的尋求。費了很大努力讓人們無法實現他的潛力。但你無法永遠都這麼做。

你會驚訝：我在俄國有桑雅士，他們的人數日益增加，雖然俄國政府在迫害他們。但是他們對這樣的探險非常興奮——靜心可以使你更有意識，靈魂不是不存在的，它是可以被經驗的。所以七年的壓制將隨時會爆發，然後俄國將會變成世界上其中一個最有宗教性的國家。

在美國，發生的情況剛好相反：沒有限制任何宗教，但人們把基督教當成一個形式。沒人在看相關的文章、沒人去教堂，除了沒事做的老女人。教堂是空的，或者說待售中。美國是非常唯物主義的。它可能會在哲學上裝模作樣，但是它過著重物質的生活；它真正的生活是唯物主義的。等到這些猶太人的彌賽亞來到，耶穌會再回來，克理虛納說每當你處於痛苦中，他會來到：他還想要多少痛苦？

這些是讓人們繼續活下去的希望。沒有誰會回來，特別是成道者。即使他們想回來也做不到。佛陀無法再回來。所以他說他或任何覺醒者會回來只能被當成一種象徵。覺醒的特質是相同的。和在什麼身體中覺醒無關。

毗濕奴是神話人物，不是歷史人物。但印度人一直期待毗濕奴有一天會出現，然後一切會變好。這是欺騙。最好告訴人們：「不會有人來幫助你。如果你想要任何事發生，那就去做。除了你之外，整個存在會是寧靜的。」

但這是傷人的。這個希望是非常甜美的。我的努力就是讓你認清事實。事實就是沒有人會來解決你的問題，沒人會給你一個烏托邦，沒人會改變你的痛苦、憂慮和煩惱。只有你——如果你想並決定去做，你就可以改變。每個人都必須負起自己的責任。

直到現在，我們一直把責任推給彌賽亞、救世主、先知。再也不行了。

奧修，你這一生的主要目的是什麼？

沒有目的。目的的概念是世俗的、不合理的。你終究會來到一個你必須說沒有目的的時候。生命是完美的，生命洋溢著喜樂、真理、愛，但不是有目的的；它不是商品。

如果我對你說話，我很享受。如果我幫助了你，我會感激你接受我的幫助；你是可以不接受的。就我而言，我是滿足的，心甘情願的。目的就是你不滿足，你需要某個東西，你想要某個東西，你想要達成某個狀態。

我沒有要達成什麼。

我已經在那兒了，如此喜悅、充滿愛和歌聲，我想要分享出來。這個分享不是目的，因為我不要求回報。那就像玫瑰花綻放而散發芬芳。

我想到畢卡索⋯

他坐在海灘椅上畫畫。有個人看了一段時間，然後他走近說：「先生，我不想打擾你。

我只想知道一件事：你畫畫的目的是什麼？」

畢卡索說：「奇怪。你不會問花朵：「你的目的是什麼？」你不會問太陽：「你為什麼每天早上升起？」你不會問星星：「你的目的是什麼？」你不會問海洋：「你的目的是什麼？」那你為什麼要折磨像我這樣可憐的人？我沒有造成任何傷害。我只是在這塊畫布上和色彩玩耍。我沒有任何目的。只是享受我自己……這個帶著鹽味的空氣，美麗的早晨……我感覺到這麼多的美以致於我想要抒發出來，以便其他人可以享受到。我沒有目的。」

所有的宗教都教導生命應該要有目的。他們把生命貶成達到某件事的工具──這是醜陋的。生命本身就是其目的。活著，全然的活著就夠了。沒有目標，沒有目的。只是此時此地，一切已經如它所是的。沒有缺少任何東西。

我沒有任何目的，因為生命沒有任何目的。那些生命有目的的人將會反對生命。生命就是放開來。你不逆著河流游泳，你只是浮在水上，無論它流向何方。所以無論我抵達什麼地方，我都是滿足的。即使我溺水了，我也是滿足的。有目的的頭腦是非常平庸的頭腦。

童年時，我住的村莊旁有一條美麗的河流。我的裁縫師遇到很大的困難，因為我必須強迫他為我的衣服做盡可能多的口袋。他說：「你一直對每個人說我是你的裁縫師，如果他們看到這些口袋，他們會以為我瘋了。所以如果你答應我，你會說馬路對面的裁縫師才是你的裁縫師，那我就會幫你做。但不要對任何人提到我的名字。」他說：「而且你為什麼需要這麼多口袋？」

我說：「你不了解。你可以問我父親。」

因為河邊有很多美麗的彩色石頭，在陽光下閃閃發光，我會收集它們，放滿所有口袋。我會回家，我的母親會很生氣：「你糟蹋了這衣服。你使我們因為這些口袋成為被嘲笑的對象，沒人聽過：你的衣服只是一堆口袋。然後你拿了各種沒有用的石頭回來。拿這些石頭的目的是什麼？」

我說：「我沒想過——我愛它們。」那就夠了。

我愛生命，但沒有任何目的。我愛人們，但沒有任何目的。我做的一切是因為我的愛讓我想這麼做，但沒有目的。完全是想分享的喜悅。一旦你開始分享，目的就消失了。

目的屬於交易的世界。分享帶著你來到不同的世界。特別是我的桑雅士應該記住，他們的生命必須是一個分享，不是一個目的。

第七章 存在的生態學

奧修，什麼是灌頂——靈性能量的傳遞？

首先要了解的是唯物主義已死，物質不再存在。一切存在的都是能量。石頭裡的能量是最低的形式、最不活潑的、最封閉的、最麻木的。然後是植物的世界。它們是稍微敞開的。比石頭還對存在敞開。它們和太陽、月亮、星星有所交流——能量間的交流。它們拿走能量；提供能量。這就是存在的生態學——驚人的相互依存。微妙的能量轉移以各種方式在每個地方發生著。

人會呼吸，當他呼氣時會釋出某種我們稱為二氧化碳的能量；它不是物質。當他吸氣時——然後是另一種形式的能量，氧氣。樹木作的剛好相反：它們會吐出氧氣；吸入二氧化碳。這就是維持平衡的方式。

能量以數百萬種方式穿梭於不同的有機體。比植物更高層次的是具有移動能力的動物。關係是這樣：有無法移動的植物，有可以移動幾呎的植物；有可以移動數哩的動物，有可以飛數千哩的鳥。移動使牠們的能量是動態的。

這就是能量的演進。在這一切之上的是人類，擁有可以移動的能量，具有生命力的能量。但他們裡面有少數人可以來到意識的達成，能量的最高形式。而意識的方式正是河流的方式。它隨著重力向下流動。

你問的方法是一個古老的方法。我用過，但已經六年沒用了，因為我把這個方法改善成更好的、更無法看見的轉換。這個方法完全視弟子而定，在師徒關係中，你不能使用「朋友」這個字。這個字只能用在我改善後的方法。

舊方法必須有師父和弟子。弟子必須完全的臣服、脆弱的、敞開的——冒著所有危險並且信任。如果師父是真正的師父，他的觸碰，特別是兩眼間的前額，在東方，我們想像那裡有一個第三眼：如果他觸碰了第三眼，而且弟子是完全敞開的、臣服的、準備接受的，那來自師父裡面的能量會開始流動。師父不會有任何損失，因為他給的越多，宇宙就會將更多能量注入到他的存在中。他的報酬是無窮的。但如果弟子有點遲疑、封閉、害怕、沒有完全的臣服，那他就無法做任何事。沒有任何事會發生。

第三眼上面的吉祥痣——順便一提，我想到東方女人常會用的，或者男人建議她們用的——一個紅色的圓點，剛好位於第三眼的位置。他們說服女人：「這是你已經結婚的象徵。」但事實並不是這樣。那又是把女人變成男人奴隸的漫長歷史。第三眼上的紅點是在阻止女人接受來自師父的能量。能量的顏色是紅的，而建議放在女人前額上的吉祥痣也是紅的。

顏色運作的原理是，如果你把一個紅點放在前額上，所有顏色都會被吸收，除了紅色之外。紅色會返回。所以我們在世界上看到的是一個很奇怪的現象。當你看到某個人穿藍色衣服，事實是那些衣服不是藍色的，它們是在反射藍色。它們吸收了日光的其他六個顏色，除了藍色。因為藍色沒被吸收，所以你看到的衣服是藍色的。但那不是事實——那些衣服不是藍色的。

而這是印度數千年來使用的策略。那表示他們知道顏色的運作方式。在第三眼上放個紅點表示所有顏色都可被吸收，各種能量都可被吸收，但除了紅色的能量。師父的能量有一部分是紅色的；那是血液的顏色，生命的顏色，溫暖的顏色。

為了避免女人成為弟子，或者如果她們成了弟子，為了不讓她們享受弟子的特權，而用了一個非常狡猾的策略。所以如果你喜歡吉祥痣，用任何顏色，但不要紅色。它看起來是美麗的，但要選擇紅色之外的顏色。

當師父觸碰了弟子的第三眼，如果弟子是敞開的——而且是很大的「如果」，那很少發生——那會突然有一個溫暖的流動，生命流，意識流，會開始碰擊第三眼。如果它被打開，你會成為一個先知。你可以看到關於自己的任何事，至於別人的事你會看得更清楚、更透明——你這一生會因為這個新的洞察力開始改變。

但我已經六年沒用過灌頂的方法，因為我覺得裡面有些缺點。第一，弟子必須處於比師父地位低下的狀態——我不喜歡。沒有人是比較差的；沒有人是比較優秀的。弟子必須只是一個接受者。他不能有任何介入。他變成依賴的，因為這樣師父的觸碰才能使他充滿能量、喜悅，否則不行。

其次，臣服的概念基本上是困難的，要求全然的臣服是在要求不可能的事。我們應該考慮到人性。我們面對的是人類，我們不該要求某個他們做不到的事。當他們做不到某件事而且被譴責，他們會開始有罪惡感，覺得自己不是敞開的，不是全然臣服的，他們的腦中還有懷疑。所以創造出罪惡感。沒有創造出臣服反而創造了罪惡感。

六年來，我一直試著要找出更精微的方法，我找到了。也許以前沒人用過，但它們是更文明的、更文雅的、更人性的。例如，當我對你說話，我不要求你臣服、敞開或任何事。只要聽我說話，一切會自行發生——你不用做任何事。

能量不是物質面的，你不需要碰到人。只要看著那個人的雙眼就可以讓能量運作。只是你的手勢或兩個字之間的寧靜。透過這個方式，沒有任何東西被要求，但又能更容易敞開。

此外，弟子不需要是奴隸，心靈上的奴隸。他可以是一個朋友。我的感覺是你可以信任一個朋友勝過任何人。

友誼是愛的綻放的最高層次，愛裡面粗糙的部分都被拿掉了，只有芬芳留下。那個芬芳不需要任何實體的接觸就能接收到。在這六年，我不斷看到這個情況的發生。你沒有在等待能量或準備接受能量——不期然的，它會突然來到，填滿你的心。

舊方法要求臣服；新方法只要一個充滿愛的友誼，那是更人性的，更自然的。舊方法中，臣服必須是一切的基礎。但記住，無論你向誰臣服，你都會帶著對他的怨恨。耶穌其中一個最重要的弟子，猶大，會背叛他並不是偶然的。馬哈維亞的女婿背叛他。佛陀的堂弟，提婆達多也背叛他。那不是偶然的，而是常態。這些人也許臣服了，但裡面一定還有些勉強。

例如，猶大的情況⋯和耶穌相比，他是更有教養的、受過更多教育的、更博學的——而他必須臣服，必須信任一個比他懂得少的人。某個東西一直在他裡面不斷啃咬著——「必須做某件事。必須報復。」

馬哈維亞的女婿⋯印度的傳統中，女婿是非常被尊敬的；甚至岳父也得觸碰他的腳。馬哈維亞唯一的女兒變成了桑雅士，所以女婿自然以為他會是馬哈維亞的繼任者——「不然還有誰能？」曾經有一段時間，馬哈維亞也觸碰過他的腳！

但馬哈維亞不願如此，因為社區裡面還有更有智慧、更聰明的人。他不想這麼做，他說：「那不是關係的問題，當你變成和尚後，你應該忘掉關係。」

他開始反對馬哈維亞並背叛他。

然後馬哈維亞選擇了另一個最有教養、最有魅力，非常有影響力的辯論家，戈夏拉克，他對很多國王在各方面都有很大的影響力。但戈夏拉克開始認為理所當然，開始命令別人，他說：「我將會是馬哈維亞的繼任者。」

一個很美的故事⋯

戈夏拉克和馬哈維亞一起去乞討。他們經過一個剛發芽的植物。戈夏拉克對馬哈維亞說：「你說每件事的發生都遵循著業的法則。現在你可以談談這棵植物嗎——它會活下去嗎？你是全知的，你可以看見未來。」

馬哈維亞說：「它會活下來，變成一顆很大的樹，有很大的葉簇。」

戈夏拉克把那棵植物連根拔起，扔到一邊說：「現在我們來看看這棵植物要如何長出巨大的葉簇。」

馬哈維亞微笑不語，然後他們走到某個村莊。

後來有一個很大的暴風雨。當他們回來後，馬哈維亞帶他去看那棵植物。暴風雨改變了它的位置。它又回到土壤裡。馬哈維亞說：「戈夏拉克，你想要再試試嗎？這棵植物將會變成大樹，長出巨大的葉簇——一棵美麗的樹。你無法改變。」

戈夏拉克變得很生氣。馬哈維亞改變了主意，這個人不是正確的人選：「如果他懷疑我的方式，我的教導，那他無法當我的繼任者。」

當戈夏拉克發現他不會成為繼任者，他立刻反叛，帶走馬哈維亞的五百個桑雅士。他宣稱自己是真正的師父，馬哈維亞只是個騙子。

我自己的觀察是這些人臣服了，但內在裡的某部分仍然是未臣服的，等著要報復，等待機會——遲早那個機會會來到。

我非常不同意舊方法。我之前採用是因為當時那是唯一可行的方法。但漸漸的，我發現它的缺點。它也許可以幫助一些人，但卻會傷害很多人。之後我試著要找到更微妙的、更人性的、更無法覺察的方式。我找到了，它們是有效的，非常有效。只要對你說話就能做到。只是我的沉默就能做到。只是我的存在就能做到。

我不要求你做任何事。無論我在做什麼，只要你有參與——而你一定會⋯⋯！如果你聽我說話，你一定會參與。如果我看著你，當下你會無法思考，然後某件事發生了，你變成了火焰。那是更微妙的，更適合較高層次的意識。

「朋友」這個字可以用在這兒，但不能用在舊方法中。那就是為什麼我要堅持「朋友」這個字。

我不想被你背叛。我不想要任何猶大、戈夏拉克、提婆達多。如果我不表現出地位較高的樣子，就沒有背叛的需要。

我只是一個旅途上的朋友，一起行走——沒有誰是較好的或較差的。我們彼此是相同的，只是一起行走！當我們一起行走，喜歡會變成愛。當我們一起行走，我們會越來越親近，能量會自行轉移。

這是以前從未發生過的，從未被嘗試過的。我要讓這成為明確的分水嶺，心靈奴役和心靈自由的歷史分水嶺，師父是如此確信自己的真實性，他不需要假裝是比較優秀的。你了解嗎？每當某個人假裝是比較優秀的，他是在懷疑自己的優秀，懷疑自己的真實性。

只有真正的師父會是謙虛的。只有真正的師父會是人性的。

舊方式的宗教——所有舊方式都必須拋棄。我們已經給它足夠的時間了；它們沒有成功的轉變人類。現在我們必須用不同的方式、新的方式來運作。

我的感覺是，世界上有數百萬人想要轉變，但他們不想在神面前、在師父面前被羞辱——他們是有自尊的。

我為那些有自尊心的人開啟大門。我們不去觸碰到他們的自尊。那沒問題。如果它自行消失，在你裡面留下的會是更高的意識，接下來由你決定。

奧修，你有很多弟子似乎都找到了生命中的另一半。這和你對於愛、關係和放開來的陳述不是矛盾的嗎？

並不矛盾。那是完全一致的。當我說你的愛應該是放開來，我的意思是它不該是強迫的，不該是某個依賴法律、社會習俗的東西。我的意思是使兩個相愛的人結合的力量應該是愛，不是其他的。這樣的愛也許可以持續很久；也許不會持續很久。也許持續一生，也許明天就結束。那就是我說的放開來。

有些人想要放縱。那不是我說的放開來。我不是說你應該每天換伴侶。那會再次是強迫的。那會是從因為婚姻不能換伴侶的一極來到必須換伴侶的一極。

我要說的是，讓一切是自由的。如果你想要在一起，那是很好的，如果你想要分開，懷著愛的分開，感激那些你們給予彼此的美麗時刻。

分開應該跟相遇一樣的美。它應該是要更美的，因為你們已經一起生活這麼久，你們已經在彼此裡面占有一席之地，雖然你們決定要分開。但那些回憶會跟著你。你們愛過。那和你們覺得現在很難在一起無關，曾經有段時間，你們想要永遠在一起。所以分開時不發生任何衝突和爭吵——你們相遇的時候是陌生人。現在你們再次變成陌生人，你們之間曾經擁有一個偌大的寶藏。分開時，你們必須感激對方。

但如果愛繼續下去，我沒有說你們必須分開。我是說你不做任何反對它的事。如果它持續一生，直到你死，那很好。如果它只持續一晚，到了早上，你覺得你們不適合，但你仍然和對方過了美麗的一晚，所以你必須感謝那一晚。

發問者誤解我的意思。他以為我是對我的人說：「盡可能快速的更換伴侶。」我不是這個意思。我只是說：只要愛仍是唯一使你們在一起的力量，那就在一起。一旦你們都感覺某個東西變成了過去，當下不再有：你可以拖下去，但那會是欺騙彼此。欺騙一個男人說妳還愛他是醜陋的；欺騙一個女人說你還愛她是醜陋的。最好誠實的說：「這是我們該分開的時候，因為愛已經沒了，我們不再愛彼此了。」

有的事情自行來到和離去。當你愛上某人，那不是你——不是你能決定的。它突然發生了；你無法解釋為什麼會發生。你只能說：「我發現自己戀愛了。」只要記住初次的相遇，也要記住愛如何離去的——和它來到的方式一樣。有一天早上，妳突然醒來，妳發現愛離開了。丈夫還在，妳也在，但妳們之間的某個曾經是橋樑的東西、曾經是持續不斷的能量流，已經消失了。你們都還在，但你變成單獨的，對方也變成單獨的。那個「一起」已經不在了，使你們在一起的奧秘不是你能控制的。你不能強迫它回來。

數百萬對伴侶都在這麼做——希望它再回來，希望祈禱、去教堂、得到某人的祝福或婚姻諮詢會有幫助：但沒任何方式會有幫助。

即使用某些辦法使妳可以抓住同一個人，但妳會發現他不再是同一個人，他會發現妳不是同一個女人。最好再次變成陌生人。這有什麼錯？當你們變成陌生人，並沒有任何錯。當你不再了解那個女人或男人，一切仍是好的。現在那情況又發生了，你們再次變成陌生人。沒有發生什麼不一樣的事。你應該知道從一開始是某個神祕的東西進入。不是你帶進來的——自然的，它隨時會離去，你無法留住它。

所以結論是：一切都根據愛。如果它持續很久，很好。如果它只持續幾個片刻，那也很好，因為愛就是好的。時間長短是無意義的。有可能幾個片刻的愛會比好幾年的愛還要強烈。那個強度會給予某些未知的，這麼多年的時間只會使它被稀釋。所以時間長短無關，深度才是唯一要考慮的。

當你處於愛，完全的浸沒在它裡面。當它離去了，向它道別，完全和它切斷。不要讓那個想法繼續徘徊在你的腦海中。這個世界上有這麼多陌生人——誰知道？愛離去了，你可以再找一個很好的陌生人。

生命的運作是奇妙的。信任生命。你也許會遇到某個更愛你的人，然後你會發現你的初戀無法相比。記住，有一天，這份愛也會消失。但信任這個一直帶給你禮物的生命，不去要求。保持敞開的。

世界充滿了這麼多美麗的人；不虞匱乏。每個人都有一些其他人沒有的特質。每個人的愛都有些別人沒有的色彩、詩意和美妙的音樂。

所以如果我們信任生命——這是我的基本態度，信任生命，因為我們來自於生命，我們是生命的孩子。

信任生命。生命沒有背叛過任何人。

也許你過了第一個等級，進入了第二個等級，更高的層次、更微妙的愛、更精微的現象——誰知道？

只要讓心敞開，生命永遠不會使任何人失望。所以這沒有任何矛盾。

第八章
真理並未很遙遠

奧修，為什麼人們對你有這麼深的誤解？

這是人進化的方式。每當某個人說了些話，有違他們的傳統和體制——政治或宗教——他一定會被誤解。但那不是頭一次發生。

你可以回顧過去，你會發現有些人被誤解。但正是那些人使你有了文明、文化；你擁有的意識程度和成長都是因為這少數人。

蘇格拉底被誤解。我們不了解誤解他的人。我們不了解判他死刑的法官；他們都被遺忘了。但蘇格拉底的名字會存續下去，直到地球上剩下最後一個人，因為他獨自站出來反對群眾、整個傳統和迷信的頭腦。

殺死蘇格拉底這樣的人是容易的，但很難殺死他的精神；完全不可能摧毀他的論點。

蘇格拉底被下毒，但他對於真理的論點和敘述仍然存續下去並被接納。慢慢的，真理進入人們的心中。那需要時間——傳統是非常深厚的。它們深植於過去；此外，我們的既得利益者擁有政治上的權力、宗教上的組織，我們自然擔心他們會摧毀我們。最好和他們在一起；和蘇格拉底或佛陀這樣的人在一起是危險的。

我被深深的誤解。我不認為那對我有任何不敬。這是恭維。他們越誤解我越好。蘇格拉底不像我被這麼多人誤解——他只有在雅典被誤解。佛陀不像我被這麼多人誤解——他只有在比哈被誤解。

他們不像我這麼幸運。我被全世界誤解！因為我，開始了一個誤解的新紀元。但也因此有很大的希望。如果有這麼多人誤解我，那也會有無數人愛著我。

那些愛著我、了解我的人可能會沉默——那就是為什麼你聽到的都是反對我的話。必須了解；那是人心的一部份。

愛一直是沉默的。

你越多愛，就越難說任何話。也許支持我的人感到同情，但找不到任何話來表達。否定我的人是非常吵鬧的；他們製造了很大的聲響。那是否定的特質——吵雜的、喧鬧的，它創造一個否定的人會覺得好像有數千個否定者的情況。

你在這兒聽我說話——我可以問有誰誤解我嗎？只要舉手讓我知道比例⋯

那只是個誤會，以為誤解我的人多於愛我、了解我的人。那只是因為愛人都是沉默的；他們不需要說任何話。慢慢的，否定的聲音會消失，真理會勝利。

如果我說的是對的，那就不用擔心；它將會勝利。

如果我說的是錯的，那也不用擔心；它將會自行消失。

無論任一情況都不用擔心。我也許是人類史上唯一和這麼多傳統對抗的人——基督教、印度教、回教、佛教、耆那教、共產主義、社會主義、法西斯主義⋯沒人同時反對這些。自然的，我使那些岌岌可危的掌權者非常的敵視我；他們在害怕。他們了解我說的；他們沒有誤解。

情況是不同的。當耶穌被釘上十字架，他對上帝說：「天父，原諒這些人，因為他們不知道自己在做什麼。」

而我的情況則不同。自然的，兩千年了，人變聰明了。我不能說：「原諒他們，因為他們不知道自己在做什麼。」我會說：「原諒他們，但他們知道他們自己在做什麼。他們完全了解；沒有誤解的問題。」

有一個基督教主教來找我：「你為什麼反對基督教？」

我說：「沒有原因。我反對每個人。你不是例外；我反對所有老舊腐爛的。基督教已經有兩千年之久了，是該讓位給新的東西了。」

他帶了一本聖經當作禮物給我。我說：「如果你送我禮物，我會充滿謝意的收下。但我要說這也許是唯一一本擁有比其他書更多謊言的書了——不只謊言，還有五百頁完全是色情文章。如果我讓你看那五百頁，你將無法在你的女兒或兒子面前讀它們。而你仍然稱它是聖經。我無法說它是聖經——如果它是神聖的，那世界上就沒有不神聖的東西了。」

他自然感到冒犯。他無法回答。我說：「你可以告訴我這不是色情文章。你很清楚那是色情文章，因為每個主教、牧師在教堂佈道時都避開這五百頁。他們知道這五百頁——而且這不是小數量，五百頁。所以你無法否認。但我可以看出你很憤怒。所以現在你會離開，試著發明反對我的謊言以便在人們的腦中植入錯誤的觀念。你不會說出事實，但你能隱瞞多久？我將會出版不神聖的聖經——只有五百頁，有圖片，這樣全世界都會知道這本書需要被每個國家、教會、圖書館、大學列為禁書，甚至不能把它當成宗教書籍。但這本書在全世界被自由發行，沒人提出質疑。」

所以每當我說了些話，就會摧毀人們的觀念，摧毀他們的幻象或打擊到既得利益者的根源，因為如果聖經不是神聖的，那麼所有教會都是無意義的。那教皇就不是上帝的代言人，整個基督教將會崩塌。自然的，他們會做一切來保護自己的利益。

就在昨天，我收到來自義大利的消息——因為我將從尼泊爾前往羅馬。我已經對教皇提出很多次挑戰，但他是如此懦弱。我最後認為最好是到羅馬邀請他公開辯論，要他證明這本書是神聖的。如果他無法證明，那我們應該在梵諦岡燒掉所有聖經——「你應該要辭職並解散因為這本書而建立的基督教。」

就在昨天，我聽到消息說教皇命令所有受他控制或其他基督教有影響力的報社、雜誌社、廣播公司，如果我去義大利，不能說任何關於我的事——無論正面或反面——「因為這個人會利用這兩種情況。」無論你支持或反對並不重要。

現在我知道他可以了解我；他沒有誤解。他了解一件事：甚至反對我的負面宣傳最終也會幫助到我，因為真理終究站在我這邊。

他的命令是無論正面或反面：不能做任何宣傳。但他不了解我去義大利要做的第一件事就是對媒體發出聲明：「任何沒提到我的媒體——無論正面或反面——只是教皇控制的傀儡。你甚至賣掉你的智慧。只要幾盧比就能奴役你。你甚至無法報導。而且我不是說支持我的報導，我是說任何你想要報導的——讓它反對我，那不會傷害到我。」

即使某個人看到反對我的文章，他會開始在意我這個人。他會想：「為什麼這麼多人反對這個人？」他會去圖書館或書店找書來看、試著了解：

我形容自己是影響人們和創造敵人的人——但那些敵人有很大的幫助。

存在有一種平衡。如果我創造了數百萬個敵人，那也一定有數百萬個朋友被創造了。存在永遠都不會失去平衡的，它總是保持平衡。而且有些事必須說出來。時間成熟了。我們不能一直用美麗的理論來隱瞞謊言。必須揭發它們——那是唯一團結人類的方式。

如果印度教、基督教、耆那教、佛教和其他宗教都被完全揭發——也許佛陀是對的、也許派坦加利是對的：但跟隨他們的人腐化了他們的傳統以致於完全和他們背道而馳。

佛陀死前說過：「不要製造我的雕像；不要膜拜我。只要去走那條我為你指出的路。」但沒人走那條路。佛像數量比其他雕像還要多。這是奇怪的世界——這個人說：「不要製造我的雕像，」卻出現比任何人還多的雕像。

在中國，有一個寺廟有一萬個佛像。只有一個廟：全亞洲有數千個寺廟。沒人在意那條路；每個人都在膜拜，膜拜一個禁止膜拜的人——那是他最後的訊息。

如果我們可以把真理帶進人們的智慧中：所有發展已久的傳統且變成用各種方式剝削人們的寄生蟲，無法阻止它們。唯一阻止它們的方式就是拿掉它們的基礎。這個方式不會汙染真理，並使我們彼此更接近。印度教徒、回教徒、基督教徒和佛教徒也許會發現他們根本的真理是同樣的，他們不必要的爭辯是因為教士要他們爭辯、對抗和殺掉對方。拆散、分開人們對他們有利。

如果教士消失，宗教會變成一個非常美的現象。事實上，教士是非常醜陋的現象。有一本存在主義小說，場景設定在二十一世紀，有一個超級富有的人要他的僕人和他的妻子做愛。有一個在場的朋友很震撼。他說：「你在做什麼？」

他說：「我是如此富有以致於我可以負擔得起讓一個僕人做出這種事。」

當我看到這兒，我想到教士：那就是他們在做的；他們為你祈禱，因為你可以負擔得起。沒有愛的祈禱、沒有對最終的愛的祈禱是什麼——而你讓一個代理人擋在你和最終的實相之間。那似乎很廉價。你可以繼續你的工作，然後某個人出現，代替你膜拜。而你從未想過這是多麼醜陋的事⋯？

我曾住在捷布一個很富有的人家中。他自己的房子裡面有一個小寺廟。我從未看過他進去那間寺廟。我問他：「你為什麼要建造這間美麗的寺廟？」

他說：「我建造它是為了膜拜神。」

「但是，」我說：「你從沒進去過。」

他說：「我不需要，我有一個教士。我每個月給他一百盧比，只要膜拜一小時。他在做我的工作，我不能浪費一小時來膜拜；一小時太多了。我可以用一小時賺好幾百萬。」

而他認為他已經滿足了宗教上的需求。我說：「你甚至試著要欺騙實相。最好還是摧毀這間寺廟。至少你就不用欺騙任何人。如果你不能膜拜，就不要膜拜，但至少不要派人這麼做。」

他很震驚；他對我有點生氣。但下次我見到他時，他已經在膜拜。他說：「我對你非常生氣，但最後我了解到事實。原諒我對你生氣。我仍然拿一百盧比給那個教士，因為那不是他的錯。他不該為此受罪，但是我每天會膜拜一小時。我已經膜拜了好幾個月，我感覺到從未有過的偌大寧靜和平和。」

「你這樣做是好的，不讓事情維持原狀。這麼多朋友在這兒，但沒人提過。每個人都說：「這是美麗的設計」——他們很欣賞我。你是唯一嚴厲批評我的人。」

確實，當人們初次遇到我，他們會感覺我拿走他們某個很重要的東西。但我沒這樣做，我只是拿走存在已久的、你深信不疑的謊言。一旦那些謊言消失，離真理就不遠了。

真理就在你裡面。只要拋棄你所有的謊言和迷信，真理將會顯現——你不用去任何地方尋找它。只要真實的、純真的活著。拋棄所有你感覺不屬於你自己的經驗，你會驚訝，在你裡面找到偌大的寶藏，偌大的喜悅、自由和生命奧秘的洞見。

我會持續嚴厲的打擊你，直到我最後一口氣，因為我愛你，我要你知道真理。不知道它，生命只會被浪費掉。

奧修，在你不同的講道中，你說神就在每個人裡面。如果這是真的，神在我們裡面，那我們為什麼還需要你？

這是個美麗的問題，因為這個問題裡面也包含了答案。你聽我說神就在每個人裡面，但你只聽了一半。我不斷的告訴你，在我裡面的也在你裡面。只有一點差別是你沒聽到的：我醒來了，而你是熟睡的。

差別沒很大。你的問題就證明我這麼說過。你說：「如果這是真的⋯⋯」把「如果」畫上底線。

那對你而言不是真的，你沒有經驗過——你聽我這麼說過。除非它變成你自己的經驗，否則你會需要我。我想要盡快擺脫你，但如果你持續執著於「如果」和「但是」，那就會很困難。

我說的任何話，那是我的經驗，我不是在引述任何人的話。如果這是你的經驗，你就不需要我。但那不是你的經驗，你只是聽我這樣說。你不這麼認為，你仍然是同一個人。我說的話無法改變你。你必須為你的轉變做點事。是的，在你轉變的那天，你就會用自己的雙眼看見你自己的存在；你會知道我說的話是真的，神是無處不在的。

事實上，只有神，沒有別的東西了，但那必須完全是你的經驗。當我不斷重複，意思只是我給了你改變的挑戰，要你為了找到你真正的自己去做點事。

我想到佛陀生平中發生的一個小故事⋯⋯

有一個和佛陀非常親近的弟子，舍利弗，他成道了，但是他沒告訴佛陀，彷彿你可以把它藏起來——至少不讓師父發現！一個成道者會有不同的靈氣、不同的芬芳。那是無法隱藏的，尤其是其他成道者，不可能不讓他發現，更別說是你自己的師父。

但是他為什麼要隱瞞？到了第三天，佛陀說：「這太過分了；我已經等了三天。你為什麼不告訴我？」

舍利弗流下眼淚。他說：「我不說是因為如果我說了，你就會要我離開。你會說：現在你不需要我了，你已經得到了。現在把訊息散播給那些還在熟睡的人——但我不想去任何地方。」

佛陀說：「但你不需要我了。」

他說：「沒錯——我不需要你，但你讓我達到這樣的狀態：我不需要你。但我是如此感激以致於我想要待在你身邊，坐在你的腳旁。」

沒錯，需要的關係是存在的，但也存在著感激的關係，那是更美的。

所以我可以告訴你，你可以想辦法放棄需要，但你無法避開它。一旦需要消失了，會有一股強大的能量控制住你，那就是感激。

師父沒有從你那兒拿走任何東西，而且還給了你一切。如果他從你那兒拿走任何東西，那在你身邊的就只是謊言和虛假。如果他給了任何東西，那會是你已經擁有的，只是你沒有意識到它。他給了你那個你一直擁有的，拿走你那些你未曾擁有的——那只是幻象。

每個師父都要弟子免於需要的束縛，因為需要的關係不是美麗的。特別是我——我堅持我的弟子變成我的朋友。如果你有需要，你就無法變成我的朋友，你的需要會是阻礙。我要你拋棄需要。當你拋棄需要，你就跟其他人一樣都是神聖的。成為師父的朋友是最偉大的榮耀。

在過去，沒有師父敢對弟子說：「你是我朋友，」因為人類的意識沒有發展到這樣的程度。但我們已經經歷了這麼多。現在世界上有很多人擁有高度進化的意識。只要再一步，他們就可以握住佛陀的手。

成為朋友是非常美麗的，因為友誼是純粹的愛。當你有了需要，那是非常低等的關係。當你不需要又仍然愛，那會是無條件的。當你不渴望得到某個東西，但仍然存在著愛、感激和友誼。那一個人就經驗到最終的——沒有任何東西可以超越它。

奧修，靜心之路的困難是什麼？我們要如何克服？

靜心之路的困難只有兩個：其中一個是自我。社會、家庭、學校、教會和你周圍的每個人都在制約你，使你成為自我主義者。

甚至現代心理學也奠基於加強自我。現代心理學、現代教育的觀念是，除非一個人有很強大的自我，否則他無法生存，有這麼多的競爭，如果你是謙虛的，任何人都可以把你推到一旁。你會一直排在後面。你需要一個很強大的、鋼鐵般的自我，才能在這個充滿競爭的世界中和別人對抗。然後你才可能在任何領域成功。也許是商業、政治、任何行業——你需要一個非常有自信的人格。我們整個社會的運作就是要讓小孩得到一個充滿自信的人格。

從一開始我們就告訴他：「在你班上得到第一名。」當他第一名，每個人都會稱讚他。你在做什麼？從一開始你就在餵養他的自我。你給他某種野心：「你可以成為總統、首相⋯⋯」然後他帶著這些想法開始了他的旅程。他越來越自我，成功會更強化他的自我。

從各方面來看，自我都是人類所能發生的最嚴重的疾病。如果你成功了，你的自我變巨大了——那是個危險，因為你就得移除擋住靜心之路的一顆大石頭。如果自我是比較渺小的——你沒有成功，你失敗了——那你的自我會變成一個傷口。它是傷人的，創造出自卑感。那樣它仍然造成問題：你會一直害怕做任何事，甚至靜心，因為你知道你是失敗者，你終將失敗。那變成你頭腦的一部分，因為你在各方面都失敗了。而靜心是如此重要的事，你是無法成功的。

如果你帶著這個想法靜心，認為自己一定會失敗，這是你的命運，那你當然無法成功。所以如果自我是巨大的，它擋住了路；如果它是渺小的，它變成傷口，仍然擋住了路。在任一情況，自我都會是個問題。

第二個問題：在我說出這兩個問題後，我會告訴你如何擺脫它們。那不難，但你得先了解問題的複雜性在哪兒：

第二個靜心之路的阻礙就是你不斷嘮叨的頭腦。你甚至無法讓它安靜一分鐘。頭腦持續嘮叨：有關的、無關的、有意義的、無意義的⋯思想持續不斷。熙來攘往、急急忙忙的思想。每當你閉上眼睛，許多思想從四面八方湧來，如果你坐下十分鐘並寫出浮現在你腦海中的一切——不做任何修飾，因為你不用讓任何人看，所以不用擔心⋯！關上門，鎖上門，這樣就沒人可以進來，只要寫出頭腦在十分鐘內所浮現的一切。十分鐘後再去看你寫的。你會驚訝：「這是我的頭腦還是誰發瘋了？」因為你從未深究，你從未想過什麼思想在那兒來往。

如果你嘗試，如同很多人都會嘗試，因為看了談論靜心的書，他們以為如果你可以藉由念誦咒語或神的名字來停止思想，那也許頭腦可以遠離思想⋯那些書大都是沒靜心過的人寫的。我認識很多寫下關於靜心的書的人。他們來問我如何靜心，我說：「但我的圖書館有你談論如何靜心的書。」

他們說：「沒錯，我們看過幾本談論靜心的書，然後出書，只是為了幫助別人。」

我說：「但你應該先嘗試你寫下的東西。如果你無法幫助自己，你憑什麼認為你可以幫助別人？你可能會摧毀很多人頭腦中的平靜。」

還有所謂的靜心老師，給你咒語念誦，或任何名字⋯閉上你的眼睛，做某個儀式，洗個澡，採蓮花坐姿，開始靜心，盡可能快速的念誦——越來越快速，重複念誦：「克理虛納、克理虛納、克理虛納⋯」盡可能的快速念誦。在五到十分鐘後，你會處於所謂的自我催眠狀態。那不是靜心，但是它不會有害。十到十二分鐘後，當你結束後，你感覺到一種寧靜，一種安樂感；你會感覺很好，但那不是靜心。

如果你只是為了感覺良好，我不反對。你可以這麼做，但不要認為這樣做就會成就你的神性。不可能，因為這只是刻意營造的聲音睡眠。當你不斷重複某個字，快速的，頭腦就無法持續嘮叨。你不讓它有任何空隙可以置入思想。你非常快速的念誦以致於頭腦幾乎必須像處於警察停止所有交通的十字路口。你不斷的念誦創造出警察停止整個交通的狀況，但車流還是在那兒，沒有消失；事實上所有道路聚集了更多的車流量。當你離開靜心的狀態，你的頭腦將會出現前所未有的匆忙——那是自然的，因為你停止的所有車流必須通過。這不是靜心。

還有一件事。有些教導靜心的老師——特別是東方——說：「讓你的頭腦觀注某個東西。從外界的某個東西開始——牆上的某個黑點——慢慢的閉上眼睛，閉著眼睛看著那個黑點。」

如果你一直看著黑點持續幾分鐘，閉上眼睛後你自然會看到黑點。那個影像需要一些時間才會消失。那是正黑點的負片；攝影學的技巧。你在內在中所創造的負片。

現在看著負黑點，如果你可以一直看著它，同樣的情況會在五到七分鐘後發生——自我催眠。你會感覺很好，那正是危險之處。因為你感覺很好，結束後你會感到一種安樂感，你以為你走在正確的路上——不一定。

而且這些事也不容易——連續念誦五到七分鐘並不容易。一些思想會進入並打擾到。把你的頭腦觀注在一個點並不容易。思想可能會來到，經過並打擾到你。如果你問老師，他們會說：「這是你過去的業；你必須等待。」和過去的業無關，是你的方法錯了。

如果你學騎腳踏車，然後你不斷跌倒，你問某個人，他說：「這是因為你過去的業⋯⋯」那只是因為你不知道如何騎腳踏車。那和前世或業無關。你只是需要正確的技巧。我聽說⋯⋯有個人非常想要得到神通。當他去學習，他們說：「你得先學靜心。沒有靜心就無法有神通。」

最後，他找到一個非常有智慧的老人，他聽說：「他是最偉大的靜心者，但你必須先服侍他，不能太急。你服侍他；一旦時間對了，他就會教你靜心，並給予祝福。你不能要求。」

那個可憐的人服侍了一年，他感到疲倦：「這太過分了。已經第二年了，那個老人仍然說不行。」他忍無可忍，想要逃離寺廟。就在他想要逃走的那天，老人說：「聽著。我在等待正確的時機，但是你無法等。時間點不對，但因為你很急，我會把方法教給你。那非常簡單而且適合你。」

那個人說：「我的天！」他觸碰了老人的腳。他說：「我一直在等這一天。我是個笨蛋，一直抱怨您。請原諒我。」

他說：「不用擔心。方法就是；你回家」——他在一張紙上寫了一個簡短的咒語並給了他。「咒語就是這個。你念誦十分鐘。只要記住一點：當你念誦時，不要讓任何猴子出現在你的腦海中。」

那個年輕人說：「你一定瘋了！猴子從未進入我的腦海中。我這一生沒有想過任何猴子——所以我為什麼會想到猴子？」

老人說：「我不知道，但這就是念誦這個咒語的條件。」

那個人說：「沒問題。」但是他在擔心。當他走下寺廟的階梯後，他已經開始看到猴子。即使他閉上眼睛——也看到猴子。他說：「我的天！我甚至還沒開始！」

他回到家。洗了澡，雙腳盤腿採蓮花坐姿。但當他閉上眼睛，在他開始念誦前，猴子開始來到——不是一隻！而是一整排…咯咯地笑著…！

那人說：「怎麼回事？」他努力嘗試，但到了早上，他已經筋疲力盡。他去找師父。他說：「把你的咒語收回。如果這就是條件，那我無法做到，因為那些猴子。不是一隻——我不知道有多少隻。我一直在數——牠們不斷來到！我快發瘋了！我不想要神通了，我不要任何靜心。我只想回家。只要幫我擺脫這些猴子。我要把咒語還給你——誰知道會有這些猴子？」

如果你要強迫不讓腦海中出現某個東西，那它就一定會出現。這是宇宙的法則。

看到錯誤的方法，了解到頭腦是不斷運作中的思想，我要告訴你某個非常簡單的方式，不用任何條件。你所要做的是：不需要特別的姿勢；是否洗澡並不重要。那不表示你必須在某個時間、某個地方做它。不，你隨時隨地都可以做。我要它對你而言非常容易，可以在日常生活中進行，不用特別花時間去靜心。

那就是觀照。

思想在頭腦裡面移動——你和那些思想無關。你不必去阻礙它們，你不用念誦咒語，你只要成為一個觀看者。你只是看著思想經過，你站在路旁看著車流，漠不關心。無論是牛車、大象或駱駝經過：不重要。你不用評判。你只需要坐在旁邊看著一切。

那需要幾天的時間，因為你習慣去評判。某個東西出現，你說：「這很好」——你就不再是觀看者，你已經評判了。

某個東西出現，你說：「這不該出現，這是不好的」——你退回來了。

好或壞，美麗或醜陋，都和你無關。你是觀照，你只是一面鏡子。任何東西經過都不會影響鏡子。某個好的東西，鏡子會反映。某個壞的東西——鏡子仍會反映。當它們離去，鏡子仍然和以往一樣是空無一物的。

你的意識是面鏡子，你的意識不是好的或壞的。你的意識也許存在了好幾千年，但甚至沒有任何刮痕。它只是反映；它的功能是反映。那就是為什麼我說你和我裡面的神都是一樣的——沒有任何差別。我只是知道觀照是一面純淨的鏡子，永遠都是純淨的——但你認同，你遺忘了。

本世紀末在加爾各答曾經發生…有一個非常有名的學者，伊斯瓦爾錢德拉。他的學術成就聞名全球。曾經有個戲劇要演出，他們邀請錢德拉來致詞。他來了；也致詞了。他坐在前面。他是觀賞演出的貴賓，由於他的參加，很多學者和卓越人士都出席了，而那齣戲也用非常美麗、咬字清晰的方式呈現。

演出到一半，有一幕是某個男人在追求一個美女，不斷騷擾她——她完全對他沒興趣…但他發現她獨自一人待在森林中。她迷路了，那個人覺得不能錯過這機會。

他想要強暴那個女人，當他開始脫她的衣服——一片寧靜——錢德拉突然跳到舞台上，脫了一隻鞋並拿在手上，開始打那個男人。

那男人一定很有智慧。他奪走那隻鞋子並對錢德拉說：「這是我這輩子拿到最好的禮物。我這一生都是個演員——得過數千個獎，但這是最珍貴的。連錢德拉也忘掉這是齣戲，忘掉他只是一個觀眾，他不該上來…！」他說：「如果你把另一隻鞋給我，我會很感激，因為你要一隻鞋做什麼？這對我而言是一個紀念品。我會保存它。」

我看過那雙鞋子。我去過他家。他死了。他的孫子拿給我看。

這就是我們的狀況。你的頭腦只是一個螢幕，一個電影螢幕、電視螢幕或舞台，你在遠方觀看。你不該有任何反應。你不該做任何事。

一旦你熟悉如何觀照而不評斷，你會驚訝：當你完全是一個觀照的時候，所有思想都消失了。只有一個完全白色的螢幕，沒有任何思想。

這是第一個經驗，你抵達了靜心之門。繼續看著白色的螢幕。不做任何事。意識有一個特性——如果它沒碰到任何阻礙它的客體，它會繞圈圈，然後回歸於你。

存在中的一切都循環的移動著。記住：沒有任何東西是直線移動的。如果沒有阻礙，意識會回到源頭。意識會回到一個人的源頭，首次看到在那兒的是誰、一直在那兒的是誰。那就是你真正的存在。

你可以把它稱為神聖、神性、真理。任何名字都可以，因為它沒有名字；它是無法命名的實相。但是一旦達成，就沒有什麼遺漏的了。你已經達成你的存在最終的開花。這就是成道。

所以把你的自我放一邊——無論它多大多小，不用擔心——只要成為一個對自己頭腦的觀照。耐心等待。不要急。可能需要幾天才能知道訣竅。它是個訣竅！不是一門學問！

如果它是一門學問，那會很容易教，但它是訣竅，你必須嘗試。慢慢的，你會學會的。

你如何學會游泳？那不是學問。如果它是學問，你可以在你的臥室裡學習。在床上就可以練習所有書上說的。但它不是學問；你必須下水。你有好幾次需要面對死亡，那是過程的一部份。你每次面對死亡，你每次學到某些東西——會慢慢學到訣竅。兩到三天就會游泳。

有一個日本心理學教授試著教六個月大的嬰兒游泳，他成功了。然後他試著教三個月大的嬰兒，他成功了。現在他試著教剛出生的嬰兒，我希望他會成功。這是可能的，因為那是個訣竅。那不需要任何經驗、年齡、教育⋯它只是個訣竅。

如果六個月大或三個月大的嬰兒會游泳，那表示我們天生就知道如何游泳。我們只是需要發現它。只要一點努力，你就能發現。

靜心也一樣⋯更真實，勝於游泳。你只需要一點努力。如果你沒成功，不用擔心。你什麼都沒失去——只是稍微休息一下。

每當你要睡覺，你可以試試——躺在床上，或者早上醒來，等一分鐘。試試看，然後再醒來。

洗澡時也可以試試，因為那只是觀照的問題。

你可以觀照任何事，在任何地方。

靜心的方法有一百一十二種。不會再有更多的。這一百一十二個方法是濕婆自己寫的，也許是一萬年前寫的。書的名字是味格揚拜拉瓦譚崔。它只談論這一百一十二種方法，每個方法是兩行字。

我試過所有的方法，最令人驚訝的經驗是每個方法裡面的基本要素就是觀照。方式不同，但核心都是觀照。

所以我把濕婆的這一百一十二個方法濃縮成一個方法。我給你主要的方法，沒有任何靜心可以沒有它——它是最主要的。你可以加入任何架構，但我已經拿掉所有架構。我給你靜心的靈魂。你只要去試，給它一個機會。如果我可以成功，我不認為你無法成功。

過去有數百萬人成功過。我們只是忘記發現自己的最偉大的科學。如果我們要拯救這個世界，不讓它被摧毀，必須再次找到它，把它散播到全世界，

我的一個教授，薩克納，他非常愛我。我大多時間都和他住在一起，因為他不讓我住在旅社。

我問他：「你為什麼堅持…？因為我對你沒任何用處——我只會坐在花園靜心。」

他說：「那就是我要你待在這兒的原因。我越來越老了，我從未靜心過。我大部分的時間都在美國當教授。我沒去了解靜心。」

雖然他的博士論文題目是「意識的進化史」。他說：「當你待在這兒，我感覺我裡面有種安定感。當你睡在我家」——他獨自住——「我睡得比較好。我不知道原因，但只是你的存在就使我更感到穩定。」

我說：「我可以告訴你原因。但與其依賴我，你何不開始靜心？」

剛好今天他兒子也在這兒。薩克納已經過世了。

我收到消息，他說臨死前想和我見面。他想要我在他死時待在他身邊。但我收到這個消息時，他已經過世好幾個月。也許他想要我之前待在他身邊時的同樣寧靜的氛圍。

我為他感到難過和遺憾，他可以自己做到的事卻不必要的依賴別人。

靜心是你與生俱來的。找回它！做出決定，做出承諾，無論發生任何事，在你死前一定

要達成這個靜心的狀態。

問題只是在於堅定的決心。一旦你得到靜心，你的生命會變成真正的生命，你的死亡會變成通往神性的門。

它不再是死亡，不再是結束。它會是不再需要身體，進入宇宙，不受限制的、永恆的。

第九章
一艘船就夠了

奧修，一個人是否能以兩艘船開始他的旅程——慶祝世界，同時歡呼神？

人從一開始就這麼做，而且他仍然在這麼做。他駕駛兩艘船，結果是全世界充滿了悲慘、痛苦和煩惱。你不能同時駕駛兩艘船。

首先，兩艘船使你是分裂的，你變成二——你是分歧的。因為分裂而和自己對抗的房子無法佇立太久，因為分裂而和自己對抗的人是病態的。

心理醫生說這種病態是精神分裂：他不是一體的。他有兩個聲音——總是和自己衝突。他想要做一件事，但他的另一半存在拉著他：「不要做。」如果他想做別的事，另一半拉著他說：「不要做那個。」陷入內在的衝突，人所有能量都浪費掉了。他發現自己一直在做噩夢。

你們都這麼做，因為所有的宗教都教你這麼做——不是公然的、明顯的，而是透過非常難以察覺的方式。

宗教說你的身體和靈魂是分開的，不只是分開的，而且是對立的；身體是靈魂的敵人；如果你想要靈性的達成，你必須控制身體，停止聽從它的慾望，減少身體喜歡的一切。換句話說，你必須折磨身體——折磨身體是靈性成長的方式。

所有宗教都說有兩個世界——這個世界和死後的世界，沒人看過的，沒有證據或論點存在。但所有宗教一直對你說：為了沒人知道是否存在的世界犧牲你知道的世界。

他們使你區分俗世的生活和神聖的生活。神聖的生活總是超越死亡的。我們接受這些區分。當然，沒人可以真的完全分裂，否則他會變成兩個人。所以內心總是半心半意的；總是在妥協。

你會想：「我只要今天可以享受這個，我承諾神明天我會開始…」明天永遠不會來到。明天習慣不會來到。那給你一個轉圜的空間——它永遠不會到來，你不需要實現承諾。我聽說…

當艾德蒙希拉里登上喜馬拉雅山的最高峰，戈利仙卡，他很震撼，無法相信。他做了這麼多努力，冒著自己和朋友的生命危險。他想要成為第一個抵達戈利仙卡的人，但在那兒看到的令他震撼。一個印度教和尚蹲在戈利仙卡的頂端。艾德蒙希拉里無法相信他怎麼到這兒的。但也許是某種心靈的力量…只能這麼解釋。

他跪了下來，表達他的敬意。那個老人睜開眼睛說了令他更震撼的話。他看著艾德蒙希拉里美麗的腕表說：「這個錶多少錢？」

人無法完全把自己分成兩半。

我在伯納斯納特山上時發現一件奇怪的事。兩個耆那教和尚赤裸的住在這兒。所以他們身上無法放錢——要放哪兒？要如何不讓人知道？但人是非常有創造力的；他的天才是無人可比的。他們不會被發現，因為赤裸的耆那教和尚只會攜帶一根綁著羊毛的竹子，每當他要坐下來，他就可以用那個羊毛帚清理要坐的地方而不會殺死任何螞蟻或昆蟲，羊毛是很柔軟的。

那兩個和尚一起旅行好幾年了。某天早上，當他們去上廁所時突然打起來——他們用那根竹帚打對方。某個人帶他們到警局去。當我知道這件事，我立刻趕到警局詢問他們打架的原因！人們為了貪婪打架，為了一千零一件事打架，但這兩個人沒什麼可以為之爭吵的。

在警局我才知道竹帚裡面藏了一百盧比的紙鈔——竹子是中空的——他們有一個是師父，一個是弟子。

他們打起來是因為弟子擁有比師父更多的盧比，這是無法忍受的。師父說：「你只要把一半的錢給我，否則就離開我。」

兩個人離開家人、房子、所有生活舒適的一切、在酷熱和嚴寒中赤裸著……卻為了錢打架……！

那就是為什麼我說你不可能把自己切成兩半。你必須做些妥協。全世界的宗教人士都在妥協。那就是其中一個你看到有很多宗教卻沒看到很多有宗教性的人的原因。你看過很多和尚、傳教士、聖人，但如果你深入了解他們的生活，你會驚訝——那是虛偽。內在則是不斷的妥協。我不會譴責——讓我重複說一次，我不會譴責他們。我會譴責那些宗教教義，強迫他們做出不自然的、不可能的事。

同時駕駛兩艘船或者騎兩匹馬，你將會陷入麻煩。每件事都被譴責了。

在甘地的修行所，你不能使用蚊帳。他的兒子朗達斯對我很友善。他曾邀請我去那兒，但我說：「我無法和那些蚊子待在那兒。任何有智慧的人都可以了解蚊帳並不是奢侈品，不是不神聖的東西。」

但甘地用什麼東西替代？煤油。用它塗滿臉、手和任何露出的地方。

所以自然的，蚊子比你還聰明——牠們不會接近你，因為很臭！但你要如何入睡？你必須選擇蚊子或煤油。

我說：「我不會選擇，我直接離開。這裡似乎是精神病院——不是修行所。」

甘地採用了耆那教的五個生活的基本規定。第一個是阿斯瓦德，不要求味覺——你必須吃東西，但如果你要求味覺，那你就是一個唯物主義者。

我試著讓你了解他們如何讓修行變得困難、不可能、不自然。如果你吃，你一定會有味覺，因為你的舌頭上有味蕾。那些味蕾不知道任何關於你的靈性和彼岸的事，它們只是在發揮自己的作用。

現在你要怎麼做？你必須假裝你吃東西但不在乎味覺。而你知道你一直可以感受到味覺。你變成一個偽君子。你看著自己墮落。你沒有欺騙到任何人，除了你自己。

有一個美國作家，路易·費歐爾，來到甘地的修行所。他在寫甘地的自傳。他是特別的客人，所以甘地帶他去吃午餐。他們坐在一起，然後他對廚師說：「用我們特別的醬料。」

那是什麼？那是用苦楝樹的葉子製作用來摧毀味蕾的醬料。

「弄多點給我們的朋友。」一大碗滿滿的、最苦的苦楝樹葉醬料被放在路易·費歐爾的盤子裡。

甘地非常推崇這個醬料——那是非常健康的，純化你的血液，那是唯一沒有副作用的蔬菜⋯

「一開始有點困難，但透過練習——你會在這兒待十五天——你會習慣。它只是嚐起來有點苦。」

這個偉人如此的推崇！——路易·費歐爾先嚐了那個醬料，他說：「我的天，這是毒藥！我沒吃過這種東西！」

但不可能這樣對甘地說，因為所有修行所的人都在吃這個醬料。甘地吃著它，享受著、微笑著。當三十個人都在吃同樣的東西並微笑時，你不會有勇氣說這是毒藥。

也許你錯了。但三十個人不會錯。而且偉大的甘地是不會錯的。但用這個醬料拌著食物，不斷拌著食物吃會摧毀所有食物。所以他想到一個更科學的方式——當一個西方人。他把整碗醬料吞掉，然後再輕鬆的吃其他食物。但甘地不是容易瞞混過去的人。他告訴廚師：「路易・費歇爾非常喜歡醬料……再把他的碗裝滿！」

就算你把食物和苦楝樹葉混著吃，那也不能說你沒有要求味覺。那個苦味也是種味覺，就如同甜味是種味覺。沒有差別。就「味覺」這個字而言，你的味蕾會發揮其作用。

甘地是在愚弄自己。甜味是味覺、鹹味是味覺、苦味也是味覺。但第一個原則是「不要求味覺，這些人在假裝吃任何東西都不要求味覺。」

現在你在他裡面創造了分裂，你給他一個虛假的面具，在他的身體想要嘔吐的時候卻面帶微笑。這就是如何同時駕駛兩艘船的方法。你的身體想要吐——那是其中一艘船。而你在笑——那是另一艘船。

如果你一生都這樣，你會是世界上最悲慘的人。

在此岸和彼岸也創造出同樣的分裂。就你關心的、依戀的東西而言，如果你想要抵達彼岸，你被告知此岸是必須犧牲的，必須完全摧毀的。

但稍微深入這個邏輯。你為什麼想要彼岸？那是貪婪。

他們在這兒說喝酒是種罪行，但天堂沒有水。只有流著酒、香檳和各種含酒精飲料的河流——由你選擇；你可以喝它，在裡面游泳，你可以做任何事。

但這是很奇怪的邏輯。在這兒只是喝一點就是大罪行，而在那兒卻被當成獎勵。獎勵什麼？因為你在這兒沒喝酒？這是奇怪的獎勵。

放棄你的妻子、放棄女人、放棄性，在天堂則被美麗的、永遠年輕的天女迎接。

你可以永遠享受那些女人，只因為你離棄一個可憐的妻子，她將會因為沒接受教育、沒有經濟自由而挨餓。而且在離開她之前，你還留給她至少十來個孩子要養。所以她會乞討或變成妓女，只是為了扶養你遺棄的小孩。

而你卻在天堂被獎勵…？你應該被懲罰！你應該被丟到地獄裡面，如果有地獄的話。你犯了一個違反人性的罪行，但這些罪行卻被獎勵。

這個分裂是非常危險的，就算你放棄妻子並逃到喜馬拉雅山——沒有這麼容易就能放棄女人，因為女人在你裡面，在你的腦海中。

外在的女人不是很重要。對女人真正的慾望藏在你裡面——你頭腦裡的某個中樞。你坐在喜馬拉雅山的山洞裡面要做什麼？你以為自己會遇到神…你會成道？

最可能的是你會夢到女人、美食和令人舒適的衣物…一些你以前從未想過的小東西。我聽說…

有一個美國的億萬富翁對一切感到厭煩，他擁有任何金錢可以買到的東西，所以自然的，他想要更多的刺激感。他得到了一切，所以他開始思考天堂。

天堂是被這些野心已經到了盡頭、對一切感到厭煩的人創造出來的。他們擁有一切——現在要做什麼？他們感到無聊。他們需要新的慾望、新的旅程、新的冒險，但對他們而言，這兒已經結束了。你的教士打開了夢境的門——天堂。

所以這個美國富翁到了東方尋找進入天堂的方法。那是個漫長的旅程，最後他到了喜馬拉雅山。人們說：「你不會空手而回。這裡住了一個偉大的先知，在深山裡面。很少有人可以遇到他。如果你很幸運能遇到他，只要觸碰他的腳，要求他的祝福…那就夠了。」

這個富翁發了狂的尋找，他遇到了那個老人，抓著他的腳不放。

老人說：「不要這麼用力，我已經很老了。而且先處理重要的事，你有美國製的菸嗎？自從我離開俗世後，我已經想了它幾乎三十年。」

美國人立刻拿出一包菸給那個聖人。

聖人說：「現在，我的孩子，你可以帶著我的祝福回去了。每當有這種想要進入天堂的慾望出現，你就再來，但是要帶更多菸來。」

富翁很震撼：「這不是靈性！這個人在要求香菸…」

他為了天堂而來。他是一個求道者，而這個人只是一個癮君子，一個菸槍——瘋子！

只要想想：離開這個世界，你要做什麼？

我的方法是完全不同的。我不要你同時駕駛兩艘船，因為我不是你的敵人。我要你待在一艘船上。我可以同意你做一件事：你可以在一邊畫上這個世界，在另一邊畫上另一個世界。在一艘船上同時有兩個世界。

享受這個世界和它帶來的歡樂並沒有錯。我不認為享受食物或衣物、舒適的房子、美麗的妻子或丈夫是不對的。我看不出有任何不神聖的。一切由你而定。

你可以使它是不神聖的或神聖的。當你一邊坐著靜心，一邊冷的發抖，那是無法靜心的——你的牙齒咯咯響著，你的身體在發抖，而你試著保持鎮定、安靜、冷靜。

穿上適合的衣服。它們會幫助你靜心，然後突然的，它們會變成你的朋友。它們不是不神聖的。好的食物、適合的食物會對你有幫助。

到目前為止，還沒發現有任何素食者得到諾貝爾獎。有三個印度人得到諾貝爾獎，但他們不是素食者。醫學研究說素食不是完整的食物。少了某些必須的蛋白質，那些蛋白質會對你的智力有幫助。你的智力需要它們，否則你會保持是平庸的——你無法成為天才。

我對我的桑雅士說我是素食者，我想要全世界都是素食者。但我不想要全世界的人都變成智障，所以我讓素食變成完整的。我加了未受精的蛋。未受精的蛋沒有生命，因此它是素食。有些蔬菜是有生命的，但未受精的蛋只是蛋白質。把未受精的蛋加到素食中，素食比葷食更適合。葷食會使你遲鈍。

如果只是為了一時的口腹之慾就可以殺生，那你已經不是人了。那麼殺人還有什麼錯？

人肉口感更好⋯

在南非有一個部落還在吃人肉。很少有人會經過那。如果某個人被抓了，那樣他們才有食物；否則他們必須吃自己的小孩或自己人。那個部落在本世紀初還有幾乎三萬人，現在只剩下三百人。他們在吃自己人。有時候會有一個基督教傳教士去那兒，為了改變他們的信仰。

我聽說第一個接觸他們的傳教士——我不知道是否還有人試過⋯

一如往常，他是個胖子。他們抓到他，把他綁在樹上，準備升火。傳教士做了所有努力說服他們，教導他們真正的宗教：「你們體驗過基督教嗎？」

酋長說：「還沒。再等一下！當熬你的湯弄好了，我們就會體驗到基督教的味道。」

這些食人族一致同意世界上最好吃的肉就是小嬰兒的肉。如果為了味覺，我們應該開始殺嬰兒嗎？如果你因為嬰兒是人類而不殺他們，那你得知道動物是更無助的。牠們沒有傷害你；牠們用各種方式為你服務。

這和宗教無關。而是和美、敏感度有關。

我曾經在波納瓦的皇宮作客，他帶我去了解他的父親是非常偉大的獵人。牆上掛滿獅子和其它動物的頭。

我說：「請把這些拿走，不要對任何人說你父親做了這些事，因為那表示你父親是瘋子。」

這些可憐的動物只是「遊戲」，那些獵人這麼形容。奇怪的是當獵人殺了一隻老虎是遊戲，當老虎殺了獵人卻是悲劇。我不了解這些語言怎麼轉換的——那為什麼不是遊戲？

當科學可以提供你素食和你的健康、頭腦需要的所有化合物，而你卻為了食物而殺害動物、摧毀生命，那是愚蠢的。

我不是說就宗教方面而言是錯誤的，我只是說那是麻木的。那證明你沒有心；你沒有任何感覺。你沒有警覺到自己在做什麼。當事情可以不用這麼愚蠢的方式進行時，沒有必要這麼做。

對你的靜心有幫助的食物可以透過醫學來決定。有些食物會刺激性慾，有些會使你鎮定。不要求味覺並不是適當的規範。盡可能擁有更多味覺。選擇你想要的食物味道是很單純的事件。

食物、衣物和房子可以安排，這樣你就能全然的享受這個世界而沒有罪惡感，同時又越來越有意識，越來越神聖。我不會談論彼岸。我的經驗是彼岸就藏在此岸。這個世界是圓周；另一個世界則是圓心。如果你放棄這個世界，你將永遠找不到另一個世界。當你放棄圓周，你要如何到達圓心？你已經自己關上大門。

深入的享受這個世界，如此深入以致於你開始接近圓心。那個世界就包含在這個世界中。沒有兩個世界；只有一個世界。只有一個存在，所有的分裂都是危險的。避開它們。

如果你可以了解到只有一個世界，那將會在你裡面創造出完整性。然後你的身體只會是你的靈魂看得見的部分，你的靈魂只是你的身體看不見的部分。你可以讓兩者交融。一個人要成為有宗教性的，對我而言，那個交融會是最重要的事——然後他的才能會像管弦樂團一樣的共同運作，彼此互補。

現在，棄世是非常愚蠢的，已經折磨人類好幾世紀。

我認識一個耆那教和尚，慕尼卡納克味傑。他愛我，因為我從沒譴責過任何事。他來找我；和我住在一起⋯

在第一天，他進了浴室後然後出門。十五分鐘後，我進去了。我驚訝居然聞到一股煙味。

我和兩個朋友住一起——沒有一個會抽菸。然後我發現地上有一截菸頭。邏輯很簡單，慕尼卡納克味傑之前待在浴室——他一定在抽菸。但我從沒聽過耆那教和尚會抽菸。

我出門去找他，我說：「誠實點。我不反對抽菸。那也許會使你早兩年死掉——沒關係。你要多活兩年做什麼？那也許會使你得到肺結核——那也沒關係。數百萬人沒抽菸也得到肺結核，所以為何不抽？我不反對，我也不認為那是某個不神聖的行為。那是某個愚蠢的行為。當你可以呼吸新鮮空氣，你卻要呼吸一氧化碳。你已經低於人的狀態。我不反對——那是你的生命。但我要你知道事實。你知道我從不譴責。如果你想抽菸，你不用躲著抽，你可以到花園的角落抽，但不要在房子裡抽。」

他說：「我很抱歉。我一直在抽菸。那是不對的。有違我的心靈訓練，我因為是和尚而被尊敬。被抓到抽菸不太好。」

他已經快七十歲了。我說：「對我而言沒問題。當你還沒成熟就放棄世界，這就是會發生的事。」

對一個成熟的人而言，所有錯誤的事會自行被拋棄；他不需要拋棄它們。

我們一直被告知放棄世界。我要告訴你們，如果你是成熟的，處於中心的，任何錯誤的事將會離開你，它無法接近你。

因為允許讓他抽菸，他變得敢跟我講其他事。他說：「這是我唯一的慾望和希望，能幫助我的人就是你。我無法告訴任何人。」

我說：「你說。如果我能做到，我就會做。」

他說：「我很尷尬，但我從未看過電影，因為我父親在我十三歲時成為桑雅士。我母親死了；我父親變成耆那教的桑雅士。對我而言，除了和我的父親一起成為桑雅士之外，沒有別的方式，否則我會是孤兒、街上的乞丐。所以我的頭腦從十三歲起就沒有成長——我仍然一樣。七十年過去了；我知道我還有幼稚的慾望，但我能怎麼辦？每當我看到電影院前面排隊的人，我都以為一定有某件很棒的事在進行著。我活了這麼久，我將會在不知道那兒發生了什麼事的狀態下死去。」

我說：「不用擔心。我會安排。」

我有一個耆那教的朋友住在附近。我把他叫來，他是一個可以信賴的人。每當有困難的事需要完成，他總是很有幫助。我對他說：「這是困難的工作，但這個耆那教和尚已經受苦很多年。你會得到很大的功德；你一定可以上天堂。只要帶他去看一場電影。」

他說：「什麼？如果耆那教徒知道我引誘他們的聖人，帶他去看電影，他們會殺了我。」

他說：「你一直讓我做很多困難的事。我都做到了，但這太過分了。」

我說：「無論如何，那必須做到。」

他說：「我只能做一件事。」我居住的城市曾經被英國政府分成兩部分。即使到現在，那個生活方式也幾乎沒變：一部份是英國人和軍隊居住的地方，另一部份是市民居住的地方。軍隊駐紮的地方只有英國電影。

他說：「我可以做一件事：我可以帶他去軍隊駐紮的地方，但那兒只有英國電影，而他不懂英文。」

我說：「沒關係。他只是要知道那兒發生了什麼事。你帶他去那兒。問題不在於懂不懂英文——你可以坐他旁邊。」

他說：「不！我不能坐在那兒。我讓他坐好後就會逃走。我不能坐在那兒。電影結束後，我會找某個人去接他。我不想讓人知道我在做這種事。」

我問卡納克味傑：「你想看英國電影嗎？」

他說：「沒關係。我不懂英文，但有總比沒有好。」

你看到我們如何使人類的頭腦受到不必要的苦嗎？這個人已經七十歲了，仍還有想看電影的慾望。

當他回來後，我問他：「你滿意了嗎？」

他說：「那根本沒什麼，你人真好，幸好有你幫助我。我現在可以不帶任何慾望而死了。否則我擔心這個慾望在臨死前還會持續著。」

如果你強迫放棄任何事，它會跟著你。如果你的了解，你的靜心，你的寧靜使你成長，任何蠢事都會自行離開你的生命，你不需要放棄它。

還有記住一點：變老和成長不是同一件事。每個人都會變老，但很少人會成長。成長的意思是你變得越來越成熟，你在學習，經驗生命中的每件事。

生命是一個禮物。它是一個用來學習、察覺各種可能性和經驗的學校。去經歷它們。不要逃走。

桑雅士不是逃避現實，它不適合懦夫——只有懦夫會逃走。它適合有勇氣去經驗每件事的人。一旦你經驗過，你就會知道什麼是值得做的，什麼不是。那些沒有任何意義的事會消失，然後慢慢的，你會變成一個智慧的寶藏。

等到你離開這一世，你不會是兩手空空的，你會是完全滿足的、感激的、感謝存在的。這個感激會變成進入第二個世界的門。第二個世界並不遙遠，它只比這個世界深入一些——它是圓周的中心。

如果這個世界是如此美麗、如此吸引人、如此令人著迷、如此神奇，那更別說中心了。中心會是百萬倍以上的。

但不要用這個對照另一個——另一個是虛妄的。不需要兩艘船——一艘就夠了。

這個問題是非常重要的，因為好幾世紀來，人類一直因為這兩艘船受苦，不斷猶豫要做什麼——哪個是對的或錯的，哪個是靈性的或不靈性的。你一直活在很大的恐懼下。

教士發明了不存在的地獄而創造莫大的恐懼。地理上而言，地獄並不存在。

然後他們同時用天堂引誘你和你的貪婪，而天堂也不存在於任何地理上的位置。

地獄就是恐懼。他們使你害怕地獄，以致於有些事是你不能做的。他們使你欲求天堂，以致於你必須做你不想做的事。於是你陷在非常深入的緊張中。

我想到一個美麗的故事：

有一個日本天皇聽說有個聖人成道了。他深入叢林尋找聖人，想要和他待在一起，感受他的存在。

但當他觸碰了聖人的腳，聖人說：「雖然你是天皇，但卻沒任何禮貌。」

天皇是個戰士。他無法容忍在這麼多人面前被侮辱。他說：「我來這兒只是為了問一個問題，但你讓我很生氣。」

聖人說：「問吧。」

他說：「我想知道天堂和地獄的不同。」

聖人笑了。他說：「你一定是個笨蛋。」

這太過分了。

天皇拔出劍準備要刺向聖人，然後聖人說：「等等，你現在正站在地獄之門前面。」

一個突然的領悟，天皇把劍收回劍鞘，觸碰了聖人的腳。聖人說：「這就是天堂之門。現在你可以看出不同了。我已經讓你看到天堂之門和地獄之門了。」

地獄和天堂是心理的狀態。當你被打擾，處於混亂、處於憤怒——你就在地獄了。大多數的人，他們大部分的生命都活在地獄中。只有非常少人活在天堂裡，但天堂就在這兒。而地獄也在這兒。它們是存在的兩種方式——你可以活在其中一者。

但如果你以兩條船開始你的旅程，你會永遠待在地獄，因為仍然是緊張的，不斷處於分裂的狀態。

我要你待在一艘船上。我要你是一個完整的自己——單一的個體、單一的聲音、單一的層面。然後生命會開滿了花。

奧修，憤怒是什麼？我要如何保持冷靜和面對，同時在關鍵的當下作出回應？

憤怒就是你想要某個東西，但某人使你無法得到它。某人像個障礙、阻撓。你為了得到某個東西投入所有能量，而某人阻擋了那個能量。你無法得到你想要的。

這股受挫的能量將會變成憤怒——對使你無法滿足你的慾望的那個人感到憤怒。

你無法不憤怒，因為它是副產品，但你可以做些事讓它無法發生。

生命中有件事要記住：永遠不要強求任何東西，彷彿那是生死攸關的事一樣。要保持遊戲般的心情。

我不是說不要欲求——因為那會使你壓抑。我是說，欲求——但讓你的欲求是遊戲般的。如果你得到了，很好。如果你無法得到，也許是時間不對——我們可以下次再說。學習遊戲的藝術。

我們過於認同慾望，每當它被阻擋或妨礙，我們的能量就變成一把火；它會燒傷你。而且在那種接近瘋狂的狀態下，你會做出任何事——你將會遺憾的事。那可能會發生一連串糾纏你一生的事件。

因此數千年來，他們一直說：「成為無欲的。」這個要求是不人性的。那些對你說「成為無欲的」人這樣說仍給了你一個動機、一個慾望：如果你成為無欲的，你將能得到莫克夏、最終的自由、涅槃。那仍是個慾望。

你可以為了更大的慾望而壓抑較小的慾望，你甚至會忘掉你並沒有任何改變。你只是換了目標。沒錯，並沒有很多人在追求莫克夏，所以你不會遭遇激烈的競爭。事實上，你追求莫克夏會使人們很高興——生活中少了一個競爭者。但就你而言，沒有任何事改變。如果有任何事阻礙你追求莫克夏的慾望，憤怒會再次爆發。而且這次會更激烈，因為現在的慾望是更巨大的。憤怒總是和慾望成正比。

我聽說：有三個修道院——基督教的修道院——在森林裡面，彼此非常接近。

某天，三個修士在十字路口相遇。他們正要從村莊返回修道院——分別來自不同的修道院。他們很疲累。於是他們坐在樹下開始聊天。

其中一個說：「有件事你們得承認，就學識而言，我們修道院的成就是最高的。」

另一個說：「我同意，那是真的。你們是更博學的，但是就苦行、戒律和靈修而言，你們都比不上我們的修道院。而且記住，學識無法幫助你達成真理。靈修才可以，而我們在這方面而言是最優秀的。」

第三個說：「你們都沒錯。第一個修道院的學識是最優秀的，第二個修道院的苦行、禁食和戒律是最優秀的。但是就謙虛、無我而言，我們是最棒的。」

謙虛、無我：那個修士似乎完全沒意識到他在說什麼：「就謙虛、無我而言，我們是最棒的。」

連謙虛和無我也能被拿來炫耀。一個人必須非常覺知。

你不該試著要阻止憤怒。你不該用任何方式控制憤怒，否則它會燒傷你、摧毀你。我要說的是：你必須探究起因。一定是某個慾望被妨礙了，因此那個挫折創造了憤怒。

不要把慾望看得太認真。不要把任何事看得太認真。

不幸的是沒有任何宗教將幽默感視為宗教人士的基本特質之一。我要你了解，應該把幽默感和玩樂心視為必須的特質。你不該把事情看得太認真，這樣憤怒就不會升起。你會笑這一切。你會開始笑自己。你會對使你感到憤怒、瘋狂的事情感到好笑。

去利用玩樂心、幽默感和笑聲。這是個巨大的世界，有無數的人。每個人都試著要得到某個東西。自然有些人會擋到你的路——不是他們想要這麼做，只是情況使然，不期然的。

我聽說有個蘇菲神秘家，朱奈德，每天晚上祈禱時都會向存在感謝它的慈悲、愛和照料。有一次，他們旅行了三天後到了某個村莊，那兒的人非常反對朱奈德，因為他們認為他的教導完全不符回教的教義。他的教導似乎是他自創的，他在腐化人心。

所以他們在三個村莊都沒得到任何食物和水。第三天，他們已經不成人形。他的弟子想：「現在讓我們看看他如何祈禱。他現在怎麼還能對存在說：你對我們是慈悲的——你的愛和照料，我們很感激你？」

但是到了祈禱的時間，朱奈德做了同樣的祈禱。結束祈禱後，信徒說：「這太過分了。我們餓了三天，渴了三天。我們是疲憊的，沒有睡覺，你仍然對存在說：你是慈悲的，你對我們的愛是偌大的，你非常照顧我們，我們很感激你。」

朱奈德說：「我的祈禱不會因為情況不同而調整——那些事很常遇到。無論我是否得到食物，我都不會去打擾存在——在這個巨大的宇宙中發生的這件微不足道的小事。如果我沒得到水：甚至我死了，那都無所謂，我的祈禱都不會改變。因為這是個龐大的宇宙…朱奈德是死是活並不會造成任何不同。」

這就是我所謂的不要把事情看得太認真——甚至你自己。

然後你就會發現憤怒不再發生了。憤怒是不可能的。而且憤怒是造成你很大能量損失的主因之一。

如果你可以不把你的慾望看得太認真，無論成敗與否都保持一樣…

有件我無法忘掉的事：有一個摔角比賽，一個區競賽；所有學校都有參加。我就讀的學校沒有很厲害的摔角手，但我們想辦法找到一個年輕人，他說：「我不是摔角手。」但我說：「你看到目前狀況了——不參加會很難看。」

他是一個很單純的人。他說：「如果你這麼說，如果你認為我參加是適合的…但是我完全不懂。我從未去健身房，從未做過訓練。你卻讓我去參加這個比賽。但如果你希望，如果你找不到其他人，那我就去。」

所以他代表我們學校參加。奇怪的是因為他不緊張——他隨時準備認輸；他是最放鬆的摔角手——他進入了準決賽！

我們的老師、校長和學生無法相信。這個人以前藏在哪兒？在最後一回合，和他對抗的是一個非常巨大的人，非常健壯；他真的是一個受過訓練的摔角手。我們後來知道他不是學生，某個學校找來真的摔角手。我們都在擔心我們的選手。他站在那人旁邊看起來如此瘦小，我們擔心不知會發生什麼事。

但實際發生的事超過任何人的想像。我們的選手繞著場地跳來跳去——一個賽前舞！摔角手對他的舉動有點不自在。然後他跪在那個摔角手面前說：「請坐在我的胸膛上，成為冠軍。不必要的對抗有什麼意義？」

幾乎每個人都感受到他的幽默感。連摔角手也笑了：「我摔角了這麼久，從未遇過這種情況。我不能坐在你的胸膛上，我希望裁判可以宣布我們平手。」

這個人沒有輸，他也沒付出任何代價——有如此玩樂心又幽默的人，跪在地上說：「現在你坐在我的胸膛上，讓裁判宣布你贏了，我輸了。」

我無法忘掉那件事，因為即使必輸無疑，他也能轉敗為勝——他幾乎是贏家。沒有憤怒，沒有人受挫。他只是承認他不是摔角手，而且那個情況下，誠實會比較適合。何必去對抗然後輸掉？摔角手坐在他胸膛上會是不好的。那看起來很醜陋、痲木不仁。他只得對裁判說：

「宣布我們平手。不該宣布這個人輸了。我從他那兒學到很多比賽學不到的。這算不上比賽，但卻是個很棒的經驗，一個人可以如此輕鬆的看待事情。」

只要輕鬆的看待自己的一切——沒有什麼特別的；沒必要總是一定要贏、總是要成功。這是一個很大的世界，我們只是渺小的人。

一旦你如此看待事情，每件事都將會是可接受的。憤怒消失了，那個消失會帶給你一個新的驚喜，因為當憤怒消失，留下來的會是極大的慈悲、愛和友誼的能量。

第十章
沒有「我」的問題

奧修，對我而言，記住自己的方法似乎比觀照容易。它們是否都引領到同一個目的地？

它們都引領到同一個目的地，但記住自己的方法比較辛苦、冗長和危險。人類史上只有幾個人透過記住自己的方法成道。

有很多人試過，但都失敗了——它看起來是容易的。因為你的記住自己將不會是你在記住自己，而是你的自我在記住；那就是為什麼它看起來是容易的。

你不知道自己和虛假的自己的不同。虛假的自己是我們的自我，自我是非常微妙的、狡猾的，而且在各方面都試著假裝是真正的自己。那就是為什麼剛開始，它看起來比觀照容易，因為在觀照中，自我無法存在。從一開始就避開了自我。

在觀照中，自我無法進入。但是在記住自己時，自我很可能假裝是你的自己。然後你練習越多，你的自我就越強大。

如果有人想要使用記住自己的方法，他必須要有一個師父。他不能獨自進行，因為他無法區分真假。他只知道虛假的，他還不熟悉他真正的存在。除非他有一個很嚴厲的師父，否則會很難區分自我和自己。

我要用一個古代的中國故事來解釋⋯⋯

一個偉大的師父有一個大僧院——五百個和尚——他們都在練習記住自己的方法。記住自己是佛陀提過的其中一個方法。

有個人進了僧院——他想要成為弟子。師父接受了他，但他是來自某個村莊的單純的人，幾乎沒有受過教育。師父說：「你的工作是到廚房洗米。」

那是個大廚房——五百個和尚。那個可憐人在日出前開始洗米，一直洗到晚上。他沒時間聽經、念經；他沒時間去看經典或聆聽講道。那五百個和尚都是偉大的學者，那個僧院是聞名全國的。

二十年過去了，他仍然在洗米，什麼事都沒做。他甚至忘記幾年了——有何必要？他忘記日期了，最後他甚至懷疑自己的名字。二十年來沒人叫過他——也許是他的名字，也許不是。二十年來他一直做著同一件小事：洗米，從早上醒來到晚上睡覺。

師父宣布他要離開身體了。他要選擇繼承人，他的方式是：「任何認為他能記住自己的人，就在我的小屋牆上寫下他的領悟以顯示他對真理的了解。」

有一個人，被認為是裡面最偉大的學者，試了。但是他很害怕要寫出他的領悟，因為那不是他的領悟。他知道——他怎麼會不知道——他知道那不是他的領悟——那只是從經典借來的。那不是他的經驗——而且很難欺騙那個老人。

到了早上，老人出現了，叫人把牆上的字擦了，並說：「把這個糟蹋我牆壁的笨蛋找出來。」

據說那個偉大的學者甚至沒簽名，害怕自己被抓到。如果師父認為這是個偉大的洞見，那他就會站出來說：「是我寫的。」否則他會保持沉默…誰知道？有五百個人，任何人都可能這麼做！

幾乎十幾個偉大的學者嘗試了，但沒有一個有勇氣簽名。師父重複同樣的動作；他擦掉牆說：「你們沒有一個能記住自己。你們都假借「自己」的名義在餵養自我，我一直提醒你們，但擁有一個巨大的自我是如此的喜悅。一個靈性的自我，出世的自我，神聖的自我，甚至更美味。現在我必須自己找到繼承人。」

到了午夜，師父去找了那個二十年前來到的人。二十年來，師父從未看過他，他一直在洗米。師父把他搖醒。那個人說：「你是誰？」因為二十年來…他只有在剃度的時候看了師父幾秒鐘——「為什麼要把我吵醒？」

師父說：「我是你師父。你忘了…？你記得自己的名字嗎？」

那個人說：「那很困難。你給我的工作不需要用到名字、聲譽、學識、苦行。它是如此單純以致於我忘了一切。我不確定我的名字。我有想到幾個名字，我無法決定哪個是我的，但是我很感激你。」他觸碰了師父的腳。「請不要更換我的工作。我已經忘掉一切，但也達成了一切。我知道了一種從未夢到過的平和，一個無法言喻的寧靜。我經驗過這種狂喜的片刻，即使我死了，也不會抱怨生命對我有任何不公。它給了超過我的資格所能得到的。請不要換掉我的工作。我做得很好。有人抱怨過我的工作嗎？」

師父說：「不，沒人抱怨過，但你的工作必須換掉，因為我要選擇你做為我的繼承人。」

那個人說：「我只是洗米工。我不知道任何關於成為師父或弟子的事情。我什麼都不懂。請原諒我，我不想當你的繼承人，因為我無法接受這麼重大的工作，我只會洗米。」

師父仍然堅持：「你已經達成其他人試著達成但卻失敗的事。你達成是因為你沒有嘗試。你只是做著你的工作。慢慢的，沒有需要思考，沒有情緒、憤怒、爭鬥、比較、野心——你的自我死亡了。你的名字也跟著死去。你不是帶著名字出生。那個名字來自於自我——那是自我的開始。隨著自我的死亡，你甚至忘掉你的師父，因為是自我把你帶來我這兒。」

「直到那時，你仍然待在靈性上的野心之旅中。你是正確的人選，所以拿了我的袈裟、帽子、劍，那是由每任師父交給繼承人的。但記住一件事：拿了它們，逃離這個僧院，能走多遠就多遠，因為你會有生命的危險。這五百個自我主義者會殺了你。你是如此單純，而且變得如此天真，如果他們向你要袈裟、帽子和劍，你會給他們。你拿了它們，躲到深山裡面。」

「人們很快就會來找你，就如同花朵綻放時，蜜蜂會開始尋找花朵，你只要在遙遠的某處靜靜的坐著。人們會來找你；你只要把你做的事教給他們。」

「但是」，他說：「我沒有得到任何教導，我不知道教他們什麼。」師父說：「只要教他們做些小事，靜靜的，平和的，沒有任何野心，沒有任何動機要得到此岸或彼岸的某個東西以便能變得像小孩一樣天真。那個天真是真正的宗教性。不是成為印度教徒、回教徒，而是全然天真的——只是一塊白板，一張白紙，沒有寫任何字。沒有薄迦梵歌、可蘭經、聖經⋯」

那是可能的⋯有少數人透過記住自己而達成。本世紀其中一個偉大的師父，喬治葛吉夫，就是使用記住自己的方法，但你必須知道他沒有任何弟子成道——而且他還是其中一個最棒的師父。

但問題在於自我和自己是如此接近，如此相似，以致於每當你認為那是你的自己，卻很可能有百分之九十九的情況只是你的自我。使用這個方法，師父是絕對需要的，因為他必須摧毀你的自我。他必須嚴厲、冷酷。除非摧毀你的自我，否則記住自己將會引領你進入更黑暗的空間，而不是成道。

那會更強化你的自我——你會變成一個非常強大的自我，非常堅持己見。你在生活中的任何領域都會非常成功。你會變成一個希特勒、史達林⋯史達林不是他的真名，給他這個名字是因為他是一個強大的人。「史達林」的意思是鋼鐵般的人。

但這些人對人類而言並不是祝福，他們是詛咒。如果沒有他們，人類會生活在更好的空間下，處於更好的意識狀態。

所以如果你認為記住自己比較容易，那就要小心注意。我仍然建議觀照，也許剛開始是困難的，但它是最安全的方法，沒有任何危險。除了成道之外，它無法引領你到其他地方。所以即使沒有師父也可以練習它。

我要給你某個東西使你不用依賴某人。

你活了多久？多少世？在過去世中，你也許遇過很多聖人、師父，但你達成什麼了？你的黑暗仍然沒變，你的無意識仍然沒變。也許他們都有給你方法，但那些方法需要不斷的指導。那些方法被稱為學校的方法。你必須進入修道院，住在裡面，遵守嚴厲的戒律——然後也許你就可以透過學校的方法得到某種成就。這種修道院是存在的。

歐洲的阿索斯山上有一個修道院；已經一千年之久。裡面幾乎有三千個修士，任何想成為那個修道院的修士的人都可以進入，但直到死了才能離開。

除非做出這樣的承諾，才能成為他們的修士。一旦進入阿索斯山，只有等到他死亡才會見到他。這是一個完全教導記住自己的學校，但你無法把全世界的人放到裡面。那誰要來照料這些修道院？因此我傾向使用不用承諾、不需依賴的方法——使你待在世界又不屬於世界。

觀照是最簡單且完全可靠的方法；它是所有靜心的核心。甚至記住自己，最終也是在觀照——但是在後面的階段，當你放棄了自我。如果你開始向內看，你就能了解我說的。你能夠區分自我和自己嗎？你只知道一件事：就是「我」。你有兩件事不知道：那個「我」是自我，那個自我可以用任何東西滋養自己。

我聽說：

有個小孩經過了一個皇宮。他考試沒通過，對老師非常生氣。他隨時準備要做某件事，突然間，他看到路邊有一堆石頭。他拿了一顆大石頭丟向皇宮。皇宮和他的失敗毫無關係，石頭也和他的失敗沒關係，但他非常憤怒，他想做某件事；能量在那兒，需要被釋放。男孩走掉了，但那顆石頭呢？

當那顆石頭開始上升，它往下看——它的兄弟姊妹還在那兒。它對它們說：「我要開始我的朝聖之旅了。我想這麼做已經好久了。如果上帝恩准，我將從這場探險中順利歸來，把我經驗的一切告訴你們。」

其它石頭看著它：「怎麼回事？它並沒有翅膀。」它只是跟它們一樣的石頭。它們也想要飛翔，但它們知道它們做不到。「但是它在飛，你不能否認……」於是它們說：「好吧，記得我們；不要忘記我們。你是英雄。好幾世紀以來，有時候會有顆石頭跟你一樣會飛，我們很驕傲你屬於我們這一群，我們家族的一員。」

它們甚至感到非常自豪，因為其中一顆石頭朝著皇宮飛去。那顆石頭撞上了玻璃窗，自然的，當石頭撞上玻璃，玻璃破碎了——但石頭對玻璃說：「你這笨蛋。我常說：永遠不要擋住我的路。擋住我的路的一切都會粉碎而死。現在看看你發生了什麼事。讓所有聽到這件事的人能學到教訓。」

就在那時，宮門的警衛聽到石頭掉到地上的聲音，玻璃破碎的聲音…他衝了進去。撿起了石頭，然後石頭說——雖然警衛不了解它的語言，因為它說的是尼泊爾語…！它說：「我的主，謝謝你，你是皇宮的主人——我可以從你穿著的美麗服裝看出來。我永遠不會忘記你給予我的殊榮——把我放在你的手上。」

情況完全不同，但自我持續把一切解釋為有利自己的情況。

警衛害怕國王來了會責怪他：「你在做什麼？誰丟的石頭？」於是他把石頭丟出窗外。而自我解釋成——石頭說：「謝謝！你不只是偉大的主人，你也能了解其他人的痛苦。你知道我渴望見到我的朋友。我要把拜訪國王的故事告訴他們——和國王相遇、對話、摧毀任何擋住我的路的敵人。」當它掉落到那堆石頭裡，它告訴它們：「兄弟姊妹們，我回來了。你們應該感到驕傲。我和我家族的名字將會留名青史。我們不是普通的石頭，而是歷史上有名的石頭。」

自我有滿足自己的辦法，即使是它應該被粉碎的情況。所以要小心它。

記住自己只能在學校進行，你在那兒一整天都在練習，因為那是你記住自己的時刻…走路的時候，你記住：「我在走路」——那麼走路就不再是自然的。它變成分裂的：你和走路是分開來的。

走路是一個簡單的過程，但是生活中，你會處理一千零一件非常複雜的事情。如果你在使用機器或開車的時候持續記住自己…那會很危險，因為你的重心都放在記住自己。你會造

成危及自己或他人的意外，

生命有它的智慧。身體有它的智慧。例如試著做一件事，你就會了解我的意思：你這一生每天都在吃東西，但你從未想過當食物通過你的喉嚨後發生了什麼事——你忘了。不要忘掉。只是試著在三天內記住食物進去了。記住食物正在被消化，果汁、化學製品和其他東西正從不同方向來到，食物和它們混在一起，轉化成別的東西。變成血液、肉、骨頭。

三天後，你的胃就會非常不舒服。至少需要三個月才能使它恢復正常。你不需要記住它。它知道怎麼做，沒有你的記住，它可以運作得非常好。

那就是為什麼當你生病了，最好去休息，因為身體需要你睡覺，不受到你的任何打擾，以便它能運作得更好。

你一定有聽過一個關於蜈蚣的故事……

一隻有一百隻腳的蜈蚣——那就是為什麼牠被稱為百足蟲。好幾世紀來，蜈蚣一直行走得非常順利——毫無問題。但有一天，有隻兔子感到好奇。牠看到蜈蚣並試著數牠有多少腳，牠說：「我的天！一百隻腳！牠是如何記住先走哪隻腳，然後再走哪隻腳？」

「如果我有一百隻腳，」兔子想：「我一定會陷入困難，立刻跌倒；完全無法行走。這隻蜈蚣正在施展奇蹟。」

牠說：「大叔，大叔，等等！如果你不介意，我有個問題……」

蜈蚣說：「我不急。我正好在晨間散步。你可以發問。」

牠說：「我的問題很簡單：你有一百隻腳…？」

蜈蚣說：「一百？事實上，我沒算過。對我而言，計算有幾隻腳會很困難，但如果你這麼說，我一定是有一百隻腳。」

兔子說：「我好奇的是：你是如何用一百隻腳走路的？你如何決定哪隻腳第一個走，然後哪隻腳第二個走，哪隻腳第三個走，哪隻腳第四個走…？」

蜈蚣說：「我從沒想過。我會試試。就現在——我會在這兒試試。」

然後牠倒在地上。牠對兔子說：「你這笨蛋！永遠不要問蜈蚣這種問題，否則蜈蚣會死掉。這種好奇心會殺死我們。直到目前我一直做得很好，當我開始意識到要用哪隻腳走…當我開始記住一百隻腳，我的頭腦感到非常困惑。」

記住自己是一個在學校用的方法。那表示你待在一個安全的修道院，不做任何危險的工作。否則你的記住…在工廠或木工店裡工作並試著記住，你一定會遇到跟蜈蚣一樣的困難。

我不要任何人因為靈性而陷入任何困難，因此我的建議會是純粹的觀照——沒有「我」的問題。同樣的，抱著玩樂心情、不嚴肅的、帶著幽默感。

如果你忘了，不會有什麼傷害。每當你想起來了，你可以再度開始，你會忘掉很多次，想起很多次。不會有內疚的問題；那是合乎人性的。

慢慢的，觀照會在你裡面產生越來越大的距離，隨著觀照造成的距離越來越大，你的思想會變得越來越微小、越來越稀少。當你的觀照來到最高點的那一瞬間——會有一段時間，像水晶般的透徹——思想消失了。你處於完全的寧靜中。無論你在做什麼都不會被你的寧靜影響，相反的，你的手藝、你的創造力將會被加強。

如果你在雕刻、畫畫或演奏音樂…透過如此瘋狂的頭腦，各種思想圍繞在周遭，你仍然可以創造出美麗的音樂——那想想一個寧靜的頭腦可以創作出多麼美妙高深的樂曲。

這也適用在生命的每個情況。記住，如果你的靜心是正確的，你生命中的一切會開始有更好的進展。那是唯一的標準。不需要問其他人；你可以問自己。

隨著你的靜心，生命中的一切會更好。當你的靜心處於最高峰，你的努力會誕生你無法想像的美、優雅和創造性。那就是為什麼我說不要區別靈性的生活和俗世的生活。不要創造任何分別。讓這個生命是一個整體。

所以如果你的意識改變了，圍繞你的一切也會改變。

我無法想像一個靜心者會離開妻子。不，一個靜心者會更愛他的妻子。也許他的愛會越來越純淨，越來越和性無關，越來越接近祈禱。但是他不會離開她，那是醜陋的。離開一個可憐的女人——那不是勇敢的人會做的。那是適合懦夫的，但不適合靜心者。

在我的村莊中，我喜歡坐在一個老人的小商店裡。他常會賣甜食。但我不是被他的甜食吸引，而是那個人的溫柔。他會說：「這些甜食的成本是一盧比，如果你願意，為了我的勞力付出和我的家人，你可以再給我一安那——那是我的利潤。」

他會先說成本，然後他會說出利潤。然後他會讓你決定：「如果你不想給我，那你可以給我成本價——當然，我是個窮人，我不能賣你低於成本的價格。我可以不要求我的勞力費用和利潤，但我無法低於成本價。」

而且我去詢問——因為那是賣甜食的市場，有很多商店，關於他說的一盧比成本價，我去問了其他商店。其他商店賣兩盧比、兩塊半盧比——同樣的數量，但沒有同樣的品質、同樣的愛。

當他在準備甜食時，我都會坐在那。他甚至會問我：「你是唯一會這樣做的人。你為什麼會來這兒坐著？」

我說：「我只是喜歡——看你工作。你工作的方式如此深情，彷彿是在為你多年不見的愛人準備甜食——但你不知道客人是誰。」

他笑了。他說：「就我所知，來的客人都一樣——臉不一樣，但都是客人。那就是為什麼我無法欺騙。我無法剝削，因為長相不同，但同樣都是客人。我認得出來。」

我會把他的一生描述為偉大聖人的一生，雖然沒人會把他當成聖人，因為我們頭腦深植的概念是聖人應該要棄世、逃離生活。那種反對生命的態度被證明是非常有害的，它摧毀了人類存在的所有美好。它奪走了人的全部尊嚴。

因此我仍然堅持——即使你感覺記住自己比較容易——你還是要試試觀照。雖然一開始很難，當你持續下去，它會很簡單。

佛陀說過：「我的教導在一開始是苦味的，但結束時卻是美味的。」

奧修，雖然你說的似乎就是真理，當我對處於社會較高階級的朋友這麼說——醫生、教授、工程師和官員——他們認為我被催眠了、被洗腦了。每次我這麼說，他們就感到困惑。為什麼他們無法反駁時卻仍然不能同意你說的？他們為什麼如此反對你？

很簡單。他們認為自己是知識份子，但成為知識份子不表示是有智慧的。他們是醫生、工程師——他們也許是高階官員；但他們的自我也變得非常巨大。當你說：「你可以自己試試。」他們沒有反駁。但他們仍然得保護自己的自我，於是唯一的方式就是說你被洗腦了、被催眠了。

下次你遇到他們，告訴他們要被洗腦得先需要一個頭腦。如果他們有，來這兒找我。而且告訴他們，最新的心理學研究說只有非常聰明的人可以被催眠；笨蛋無法被催眠！你可以試試。所有對笨蛋做的實驗都失敗了。幾乎就像催眠一隻水牛。現在科學已經證明只有百分之三十三的人類可以被催眠——只有百分之三十三。而這比率和有智慧的人的比率一樣。但也許他們甚至不知道這個研究。

他們使用「催眠」和「洗腦」這些字只是為了壓下你。

問他們對洗腦知道多少？問他們是否可以對你洗腦⋯他們對催眠知道多少？問他們：

「你可以催眠我嗎？如果你不知道任何關於洗腦和催眠的事，你就沒有談論它們的權利。」

我就在這兒。你可以告訴他們：「你們可以來，試著把我洗腦或者催眠我。」但我看不出會有什麼傷害；這兩者都是好的。洗腦只是表示清除你頭腦中攜帶的所有垃圾。他們害怕被洗腦是因為他們除了垃圾之外沒別的了。如果它被清除，他們就沒有任何頭腦了；那是他們的恐懼。而且你為什麼害怕催眠？催眠的意思只是刻意創造睡眠的狀態。那是美麗的空間，非常健康，可以有很大幫助。現在，在最現代的醫院裡面已經有催眠師了，因為透過催眠，連手術都不需要麻醉。透過催眠，很多疾病可以被治好，因為它們只存在於頭腦中。他們只是陷在某些不存在的疾病中。如果透過催眠，你可以把某個想法置入他們的頭腦，讓他們認為疾病已經治癒了，他們沒有病了，當他們醒來，你會發現一個不再有任何疾病的人。

催眠可以是很大的祝福。

在蘇聯，他們利用催眠來教學。小孩在家裡睡覺，但他戴著連接學校的中央系統的耳機。當他睡著後，他們會非常緩慢的開始教他東西——如此緩慢以致於他感覺自己好像在作夢，他的睡眠不會被打擾。

那是很有幫助的。表示晚上的六小時或八小時可以被用來教學。

我們浪費二十五年的時間取得大學學歷，這樣的時間可以受到三倍的教育訓練。但你們所謂的知識份子可能不知道這些正在世界各地使用的方法。

催眠很快會是其中一個最重要的科學，因為人的頭腦是如此緊張、痛苦、憂慮以致於他必須喝酒、抽大麻、鴉片和各種毒品只是為了忘記，只是為了擺脫各種憂慮，雖然他知道那效果只是暫時的。當他明天醒來，這些憂慮會在門外等著；它們並沒離開。

催眠可以非常容易就轉變你，不需要任何藥物。有些人因為抽菸而受苦——他們不想抽，但他們已經上癮了。他們在折磨自己。他們知道那是有害的，他們在謀殺自己，但是任何明智的諮詢都不會有幫助。他們知道你說的一切：那會摧毀健康、肺部會壞掉，會得到肺結核，你甚至會罹癌，而且至少會提早兩、三年死亡。每個人都知道，但仍然無法解決上癮的問題。催眠是非常簡單的。三周的時間，只要三周的療程，每天一小時——你的菸癮就會消失。只要三周，一天一小時，你會被告知：「你不需要雪茄，你不需要抽菸。」

不需要某個人來告訴你，你可以用一個錄音機。只要錄下和催眠師的第一個療程內容——催眠師不是魔術師，他是科學家，他做的是一個簡單的方法。所以只要錄下第一個療程，然後每次你想要的話，每天，你只要撥放錄音的內容。三周內，你就會擺脫對菸、酒或其他東西上癮的問題。

催眠還沒被利用。它是一個可以改善人們情況的非常強大的工具——他的意識、身體——透過各種可能的方式。

這些人對洗腦和催眠一無所知，但因為他們是教授、醫生，他們認為自己是知識份子。把他們找來，我會盡可能對他們洗腦——我答應你！

這些人只是在害怕——害怕是因為一方面他們試著假裝是知識份子，另一方面，他們做的一切是完全荒謬的。

我看過行為像村民的教授——去找某個聖人觸碰他的腳，因為那有治療的力量。或者聖人祝福你，你就可以晉升。在那時候，他們不會認為自己是知識份子。

我自己曾經是教授，所以我很清楚⋯

我記得有一個教授被認為是偉大的知識份子，但他卻是一個狂熱的印度教徒。我說：「這些事不會同時出現。一個知識份子不會是狂熱份子。一個知識份子總是敞開的，總是準備要聆聽別人說的話，總是準備要接受事實，即使那和他的舊想法互相衝突。」

有一個研習會，我在那個研習會演講。那是關於回教國家的女人在現代世界中的地位。他也是觀眾。

我說：「讓一個男人有四個女人是把女人貶為次人類，把她們變成牲畜——而穆罕默德自己有九個妻子。我無法原諒也無法忘記。這是女人該反對的時候了。」

他非常快樂，因為他是一個狂熱的印度教徒，他反對回教。他說：「你做得很好；其他人總是搞砸。」

我說：「但記住克理虛納有一萬六千個妻子。穆罕默德不算什麼。班度族的五兄弟則有一個共同的妻子。那是另一個極端——五兄弟擁有一個妻子。這是醜陋的。而且其中一個人，堅戰，亦即達摩拉吉——法王。如果這是法王，那一般人呢？」

「而這個人，堅戰，是一個賭徒。但卻是法王。他賭了一切。只有妻子沒有——那是五兄弟的共同財產。但最後還是把她當成賭注，並失去她。但仍然沒有印度教徒批評他。至少我們應該停止叫他法王。他把女人當成財產，當成桌上的賭注。」

那個人說：「那就是為什麼我從沒要求搭你的便車。」

我說：「那和搭便車無關。你必須聽我說話——你坐我的車，我想停的時候才會停。如果你無法回答，那至少拋棄你是知識份子的想法。當我在批評回教徒，你很快樂。當我批評印度教徒——原因一樣，卻傷到你。這不是智慧，而是狂熱，盲目的信仰。」

這些人也許通過考試，也許擁有很好的記憶，但他們沒有智慧。智慧是完全不同的。一個有智慧的人尋求真理時，總是準備從任何地方開始；他永遠不會是固執的、堅持己見的、封閉的。他的門總是對真理敞開的。

這些說你被洗腦的人——告訴他們，你感覺很乾淨。我做的是乾洗——而且是完全看不見的。告訴他們：「沒有人會看到你的頭腦被清洗過、感覺它真的很乾淨。」你告訴他們：「自從我被催眠後，我活在絕對的喜樂中。你只是成為教授或工程師能做什麼？那不算什麼。而我在享受天堂。」

奧修，你說沒有師父，幾乎不可能達成真理。但是你、佛陀、耶穌等人是如何不依賴師父的幫忙而達成真理的？

我說過沒有師父，你也可以達成真理，但旅程將會非常漫長。如果有師父，旅程可以非常短；沒有師父，你會在黑暗中摸索。一個人永遠不知道何時會找到正確的門。存在是巨大的，而生命是短暫的。那可能需要很多世。

所以我說一個師父會幫你避開錯誤的門，錯誤的道路，只留下正確的。師父可以排除錯誤的路。但有的人喜歡用很多世的時間來旅行。那不會有傷害；那是每個人自己的決定。

我有個很富有的朋友，他非常愛我以致於想要把所有財富和遺產留給我，因為他只有兩個已經出嫁的女兒，沒有兒子。所以他愛我就像兒子一樣，他也愛我就像師父一樣。他的年紀可以當我的父親。

他有一個習慣是搭乘第三級的火車，他從不搭乘特快車。所以很麻煩。他想跟我一起旅行；我想跟他一起旅行——我常常在旅行。但我說：「很困難——我可以花一個半小時從加爾各答到孟買，但我不會花五、六天的時間搭乘第三級火車——非常擁擠，每站都會停，總是至少晚一天才到達。」

我說：「怎麼回事？你可以和我一起搭飛機。」

他說：「不。問題不在那。至少和我旅行一次。」

所以我有一次和他旅行，從海德拉巴到捷布。幾乎花了五天，但就他的方式而言，他是對的。他認識每個車站的站長，他知道你在哪個車站可以喝到最好的茶，他知道你可以在哪個車站拿到最好的香蕉…他一生都在旅行——他知道每個地方的一切。

在某個地方，他說：「快點下車！」

我說：「怎麼回事？」

他說：「我們必須下車，到車站外面。」

我說：「那兒有什麼？」

他說：「那兒有美麗的芒果樹林。現在是芒果的季節，樹上有很多成熟的美麗芒果。」

但我說：「當我們爬樹時，火車可能會離開。」

他說：「你不用擔心。每個人都認識我。」

遲疑的我仍跟他前往。我們爬上樹——我永遠不可能吃到那些芒果。它們是最甜的，但我不斷說：「這樣就夠了。我們應該…」

他說：「不用擔心。看上面！」

我往上看，有一個人，他說那是司機：「除非他下來，否則火車不會走。」

那是在浪費時間…五天，但那是真正的喜悅。人們不會因為他拿走牛奶或茶而跟他收錢…他們和他是如此熟稔以致於他們會說：「我們一直在等你。你是唯一的常客。要常來，不要停止搭乘第三級火車。」

你問到那些沒有師父而達成真理的人，你這樣問是對的。那是個人的決定。

我有機會選擇。但我總是信任，如果真理在那兒，也許會花比較長的時間，但我想要獨自到達，不靠任何人的幫助。那花了我很多世，而我很享受那些世的一切。

尋找真理就跟找到真理一樣令人狂喜。所以那由你決定。如果你想要獨自前往，那就這麼做。只要記住那可能會花很多世，也可能立刻發生；沒人知道。你可能碰巧敲了正確的門，但比較可能的是你會敲過很多門。所以你必須了解：如果你夠勇敢，不因為不斷的失敗而氣餒。你不會回頭，你不會開始說：「真理不存在，我已經花了很多世尋找，但我沒找到。」

在科羅拉多州發生過，當金礦被發現，很多人賣了一切，衝到那兒買土地，能買多少就買多少，因為人們很快就能致富——幾天內就變成億萬富翁。

有一個人買了一個山丘。他賭上了一切。他是個富人。他賭上一切買下整座山，為了擁有很多黃金。他買了最新的掏金設備⋯⋯

他們不斷挖掘——沒有看到任何黃金。他把錢用完了，勇氣也用完了，他的朋友離開他。他的家人開始說：「你瘋了。停止這一切。」

最後，他做了宣傳，要把山丘和設備賣掉。他的親友，每個人都在笑：「你覺得誰瘋了嗎？誰會去買你的山丘？」每個人都在嘲笑。

他說：「世界是巨大的。也許會有某個人比我還瘋狂。」但有某個人出現買下一切，給了他當初買了山和設備的同樣金額。他甚至有點不敢收下錢。

他說：「你知道我已經努力嘗試過卻沒找到任何黃金嗎？」

他說：「我知道一切了。你不用擔心。如果你可以冒險，我也可以。」

你會驚訝，他在第一天就挖到了黃金。只要再一呎；就差一呎——然後他成了億萬富翁。問題在於你可能會在一呎前回頭。一個人必須自己決定。

我已經告訴你最安全的方式，最接近目標的方式，因為我知道人的脆弱。我了解你多快就會氣餒，你多快就會放棄整個冒險。你會開始說：「沒有真理，我已經受夠了，現在我不想再浪費時間了。」

如果你準備無論發生什麼事，你都不會停止，直到發現真理。那你就可以不需要師父。否則，明智點。

我已經經歷一個漫長的旅程，我不是說我選了錯誤的路——它完全是適合我的。如果有師父，我可能會很容易就得到，但那不是我的目的。我想要獨自面對真理：「如果有像真理這樣的東西，那我準備要用永恆的時間來等待，但我要自己發現它」——那是我的打算。如果那是你的想法，歡迎你獨自尋找，否則最好有個嚮導，可以使你警覺、鼓起勇氣、被鼓舞，即使遇到失敗。

他可以讓你看見他已經抵達的同樣道路——那會是最短的路。他知道他徘徊過；現在他知道必須避開什麼，必須選擇什麼。但每個人必須自己決定——沒有人可以為你做決定。

奧修，我如何知道我是轉變了性能量還是在壓抑它？

那不難。很容易就知道。當性能量被壓抑，你會做春夢，你會有性幻想——你無法避開它們。

當性能量被轉變，你就不會做任何春夢，你不會有任何性幻想。這就是標準。

我會用個小故事來結尾⋯

在佛陀的時代，有一個美麗的女人——她是個妓女，菴婆波利。

有一個比丘在乞討時被菴婆波利看到了。她很驚訝，因為國王、王子、富人、各行各業的名人都來拜訪過她。但是她從未看過這麼美的人——而且是一個比丘，拿著一個缽的乞丐。

她正坐著金色馬車返回她的宅院。她對比丘說：「如果你不介意，你可以跟我一起坐馬車，我會送你到任何你想去的地方。」

她不認為那個比丘會接受，因為佛陀不允許他的比丘和女人說話或觸碰任何女人。而且在開放的街道上提出要求，那兒有無數民眾、數百個比丘在場⋯

她不期望他會接受，但他說：「那很好，」然後他上了馬車坐在她旁邊。那是令人震撼的一幕。她是世界上其中一個最富有的女人。世界上只知道兩個女人——一個是西方的克麗奧佩托拉，另一個則是東方的菴婆波利——被認為是世界上最美的女人。但一個拿著缽的比丘⋯！

群眾跟著馬車：「怎麼回事？沒人看過這種事⋯」

然後比丘說：「我住的地方到了。謝謝妳對一個可憐的人這麼仁慈。妳可以讓我在這兒下車。」

但菴婆波利說：「明天開始會是雨季。」在雨季時，比丘們不會遷移。他們會留在某個地方——只有雨季時。剩下的時間他們總是從這個村莊遷移到另一個村莊。「從明天起，雨季將會開始。我邀請你和我住在一起。你可以詢問你師父。」

他說：「非常好，我會問師父。我不認為他會反對，因為我了解他——他也了解我，他對我的了解甚於我對他的了解。」

但在他抵達前，很多人也在那兒，抱怨他破了戒，壞了聲譽、名望⋯應該立刻把他趕出去。

那個比丘到了——佛陀問他：「怎麼回事？」

他說了整件事：「那個女人要我在接下來的四個月雨季和她一起住。我回覆她：『就我對師父的了解，我不認為會有任何問題，而且師父對我的了解甚於我對他的了解。』所以你怎麼說？」

一萬個比丘都在那兒，一片寧靜。佛陀說：「你可以接受她的邀請。」

令人震撼。他們以為佛陀會把他趕出去，但他卻得到獎勵！但他們能怎麼辦？他們說：「等著看。四個月後，佛陀會知道他犯了一個大錯。那個年輕人會在那個地方墮落，一個妓女的房子。你有聽過一個比丘住四個月⋯」

他住了四個月，每天都有謠言：「這一定會出錯。」而佛陀說：「只要等著，等他回來。

我知道他是一個可以信任的人。無論發生什麼事，他可以自己說出來。我不需要聽信謠言。」

當他回來時，菴婆波利跟他一起出現。他觸碰了佛陀的腳說：「菴婆波利想被點化。」

佛陀說：「看到了嗎，這些謠言…當一個真正的靜心者和一個妓女在一起，妓女會變成一個靜心者。當一個壓抑所有性慾並坐在一個火山上的人和一個妓女在一起，他會墮落。他一直在等待機會——甚至不需要是妓女。任何女人都可以。」

所有的宗教都教導你壓抑你的性能量，他們在世界各地創造了壓抑的人。那些壓抑的人對我很生氣是因為我說壓抑不會有幫助。

能量必須轉變，否則它會拉著你往下落入黑暗，而不是朝著光前進。

不要壓抑任何事。

任何自然的就是好的。任何自然的一切，需要全然的接受。

你只需要做一件事：不要反對自然，而是成為一個觀察者。只要觀照一切，吃東西、走路、做愛…只要保持觀照，你將會驚訝。觀照是轉變的絕對保證，你會看到不同。

你不再做春夢，你不再有任何性幻想。如果你壓抑，你將會陷入麻煩。甚至甘地，壓抑性的人，到了七十歲還會夢遺。那是醜陋的。但我要感謝他，因為他是誠實的。至少他承認這件事。你們所謂的聖人不會承認這種事。

壓抑會顯現自己——毫無疑問。總有一天它會把性帶入你的頭腦，不管是走路或睡覺。但如果能量被轉變了，你會散發著光芒，某種光和寧靜圍繞著你，一種不只你會感覺到的喜樂、清涼，那些敞開的人也會感覺到。如果你只是經過他們，他們不只會感覺到一個人經過，還有某個現象發生了。你內在核心裡的某個東西將會觸碰到他們。那些有耳朵的人一定會聽到某種音樂。

就你而言，一定會有一個不容置疑的區別：無論走路或睡覺，你不再有任何關於性的想法。

第十一章
不相信神卻又像神一樣

奧修，克理虛納對阿朱那說：「臣服，我就承諾你會得到莫克夏。」耶穌也對他的門徒說：「跟隨我，我會帶你進入神的王國。」但你對我們說你只能讓我們看見事實。你為什麼不承諾讓我們得到涅槃？

所有的承諾都是毒藥，因為它們是政治性的，不是宗教性的。那些答應你會實現承諾的人要你只能向他們臣服，他們會帶你到達光的最終目的地；你只需要跟隨他們，他們會帶你進入神的王國……這些承諾創造出心靈上的奴役。這些承諾沒有幫助到任何人。

你有遇過任何人能夠說：「因為跟隨耶穌，我已經到達神的王國了」？兩千年來，那個承諾仍在那兒，而你仍處於痛苦、煩惱、完全心靈上的貧窮。

這是很重要的，要了解除了你自己，沒人可以帶你抵達光的最終目的地。那是你的特權，你的殊榮。那是你的自由，你的個體性和它的美。

沒人可以干涉你的心靈成長。你不是牲畜，可以讓某個人帶你到某個地方。但一直被這樣侮辱、羞辱，以致於你幾乎習慣了，沒有感覺到那是侮辱。某個人對你說：「臣服我」——而你沒看出那是個羞辱？

克理虛納向誰臣服了？他從未臣服任何人。耶穌向誰臣服？他從未臣服任何人。如果這些人有某種美，那個美會是來自他們的個體性、自由和絕對的獨特性。一個臣服的人幾乎不算是個人。

耶穌對人們說：「我是你們的牧羊人，你們是羊。」但沒人質疑這是個侮辱。你憑什麼是牧羊人，並把其他跟你一樣的人貶成動物？但任何不斷重複的謊言會開始變成真的。

這些話語一直被所謂的心靈導師複誦，以致於你忘掉他們在對你的存在做什麼。他們在摧毀你。不需要臣服——這個字是醜陋的。不需要跟隨任何人，因為如果你跟隨某個人，你會一直是個盲目的跟隨者，你永遠無法靠自己達成。最奇怪的是：那些對你這樣說的人卻從沒這麼做。他們從未臣服過，從未跟隨過——那就是為什麼他們莊嚴雄偉的站在意識的頂峰。

你應該試著了解耶穌，不是跟隨他。你應該試著了解克理虛納，不是臣服他。是你的了解引領你來到更高的存在狀態。不要倚賴任何人的幫助。世界上出現過很多救世主，但世界仍未被拯救——這麼多先知、神的化身、渡津者…結果呢？他們都聲稱是來讓世界不再痛苦、悲慘、無知。他們來了又去——世界仍然一樣。事實上，它每天變得越來越黑暗、悲慘。

耆那教有二十四個渡津者——他們的額度用完了，無法有二十五個。從宇宙的開始到結束，他們只能有二十四個渡津者。現在還有什麼希望？那二十四個渡津者做了什麼？有多少人被拯救？有多少人成道？人類有成長多少？

這是奇怪的。印度教的神的化身待過這兒，佛陀待過這兒，摩西待過這兒，耶穌待過這兒，穆罕默德以及很多人都待過。這個小小的地球還有過很多先知、救世主……奇怪的是世界越來越糟。人越來越墮落；他還沒成為一個神聖的存在。他沒有變得更覺知、警覺、靜心、慈悲。否則不會有這麼多戰爭。

三千年內有五千個戰爭。這是被你所謂的神聖導師所創造的人類造成的。就在本世紀，已經發生了兩次世界大戰，現在我們在準備第三次。

是什麼樣的心靈傳統、心靈洞見使我們是摧毀性的，而不是創造性的？使我們憎恨彼此而不是成為愛和慈悲？甚至在宗教的名義下，持續流了好幾世紀的血。在和平、愛和所有偉大特質的名義下，我們已經做出連動物都會感到羞恥的一切。

是往回看的時候了，該了解到臣服和跟隨的想法不會有幫助；事實上，那貶低了你。而你要求我也來侮辱你、羞辱你。請原諒我，我做不到。我只能以朋友的身分幫助你，我可以握著你的手，像個朋友或夥伴，我可以告訴你方向，但我無法為你走。你必須自己走；否則真理就太廉價了。如果別人可以為你做到，那它就沒任何意義了。如果別人可以為你做到，那他們也可以拿走它。

如果你因為跟隨耶穌而抵達神的王國——如果你做了某件反對他的事，他可以因此把你趕出神的王國，因為那不是你自己達成的。

你活在借來的靈性中。至少留下某個無法借來的。留下真理——它是可以被達成的。那些達成的人確實有幫助，但他們的幫助只能是屬於朋友的，不是屬於師父的。某個人是師父的想法會是心靈的奴役。

好幾世紀來，你一直被要求臣服、信任、做任何師父說的。你不知道他是不是師父。你有任何標準嗎？你有任何方法可以判斷他是不是師父嗎？

沒有任何可用的標準，所以你一直臣服假裝自己是師父的狡猾的人。真正的師父會是非常謙虛的，他不會稱自己是師父。聲稱：「我是師父，你只是個奉獻者、弟子、信徒，」只不過是自我主義者的宣告。任何自我存在的地方，有件事可以確定：你無法得到任何前往光、愛和生命的幫助。

人可以有心靈的成長——他是有潛力的。他需要知道的是正確的方式。任何可以告訴你正確方式的人——你可以感謝他，感激他。但有什麼必要臣服？我想到一個西藏的故事：

密勒日巴，一個偉大的師父，在尋找真理。故事是他找了很久仍沒找到。人們告訴他：「有一個師父——需要的是完全的臣服。」

密勒日巴去找那個人並全然的臣服——他一定是一個獨特的個體——師父的其他弟子都變得很嫉妒他，因為他開始做奇怪的事。他會在水上行走，穿過火焰但不被燒到⋯他們問他：「你的秘訣是什麼？」

他說：「你們是師父資深的弟子，你們一定知道。我只是向他臣服，所以當我想過河，我只是想起師父，然後說：「帶我到對岸，」然後我就在水上行走。」

師父聽到了——他無法相信。他想要看看。他要密勒日巴從山頂上跳入一千呎深的山谷。密勒日巴只是記著師父的名字，然後就跳了。

他們都在想：「我們甚至無法找到這個人的任何部分，山谷這麼深，這麼危險。」

但當他們到了那兒——他們花了數小時下去——密勒日巴以蓮花坐的方式坐在那兒，如此喜樂的。

師父說：「只是我的名字就使你……？」

他自然會認為：「如果我的名字可以對他有這麼大幫助，我一定是個偉大的師父。」他想：「如果我的名字可以幫助他，那我還有什麼做不到的奇蹟？」

他試著在水上行走，然後他開始溺水，被弟子救起來。當密勒日巴看到自己的師父溺水，整個臣服的想法都消失了。他對師父說：「你至少不該在我們面前做。你摧毀我們的信任和臣服。你已經深深的摧毀我們，現在我們很難再信任任何人。你使我們是多疑的。我來找你的時候是單純的，現在我離去時是完全被汙染的。」

沒有任何標準。臣服，如果是全然的——那是很困難的，幾乎不可能；只有非常單純的人可以做到——將會幫助你，不是師父。師父也許完全算不上是師父。臣服的意思是你完全拋棄自己的自我。但為什麼要稱為臣服？臣服總是會有個對象。

我是個直接了當的人。我會叫你拋棄自我；我不會要你臣服我。那是迂迴著拋棄自我，而且危險的，因為你臣服的人也許是不正確的；你也許會跟隨某個自己都迷路的人。

有一個紀伯倫的故事：

有個人變成一個很有名的師父，他到處去宣揚他單純的教導：「跟隨我。」當然人們有很多事要做，他們不能直接跟你走。而且他們總是想：「等下次你來，也許我會準備好；我孩子還小，我女兒得結婚，我妻子病了。你說的一切都沒錯，但時間不對。我準備好了，但情況不允許。」

他教導人們：「任何跟隨我的人在幾天內就會成為最終的光。」

在某個村子時，一個年輕人站起來說：「我準備好了。」

四周突然安靜了下來，因為這從未發生過。師父有點猶豫。現在要帶他去哪⋯要做什麼？他不知道成為最終的光是什麼意思，但他在人群面前假裝說：「好，你跟著我。」

他帶他進入山裡，荒涼的地方⋯使旅程盡可能的艱難。但年輕人也很固執——他繼續跟著。師父有很多次說：「你一定累了；最好還是回去吧。」

年輕人說：「我永遠不會回去。無論任何代價，我都要成為最終的光；那時我才會回去。」

但讓這年輕人歷經艱難，老師父也會遭遇同樣的艱難。他也很累了。最後他累垮了。

年輕人說：「怎麼回事？」

老人說：「實在對你說——我必須誠實，否則你會殺了我——你還年輕，我老了。你可以經過這一切苦難，但我不行。」

但年輕人說：「我沒有要你經歷這一切苦難。我只是跟著你。」

老人說：「說實話，我不知道什麼是最終的光。我的工作進行得很順利……我的一生。因為沒人跟隨過，沒有問題出現。你是如此無賴以致於你真的跟隨我，到現在還跟著我——那表示你會殺了我。」

年輕人說：「但是最終的光呢？」

師父說：「我全忘了。我不知道我是誰。我不知道什麼是最終的光。我只求你讓我一個人，不要打擾我。我再也不會打擾你，但不要在別的地方影響我的工作。我唯一的工作就是告訴人們：『我可以拯救你們；你們只要跟隨我，』我很清楚不會有人跟隨——每個人都有未完成的事。但你是如此固執以致於拋下一切一直跟著我！」

這個故事是很有意義的。耶穌說：「跟隨我，我會帶你進入神的王國。」但是否有神的王國？佛教說並不存在神的王國；耆那教說神不存在。那只是假設。跟隨耶穌的人都是沒受過教育的、不識字的人，來自於社會最低的階級——漁夫、農夫、伐木工、木匠……他自己就是木匠的兒子。他自己就沒受過教育。沒任何拉比、博學的人、聰明的人跟隨過他。跟隨他的人是在跟隨貪婪。

漁夫無法奢望靠自己進入神的王國——而這個人並沒要求錢，他只是說：「跟隨我。」只是跟著他不會有害，而這個承諾是誘人的。他們並不愛耶穌。

甚至在耶穌被抓之前的最後時刻，他們還在問他：「你很快就會進入神的王國」——因為大家都知道他會被處以十字架刑。「在你離開前，我們想知道：當然你的位置會在神的旁邊。你是神唯一的兒子——但你十二個門徒的位置會在哪？誰會僅次於你？」

你了解他們的想法嗎？你看到他們的貪婪和野心嗎？而他們做了什麼？只是跟著耶穌閒晃就想進入神的王國。現在他們詢問他們的名分。他們一定在互相嫉妒——「誰會僅次於耶穌？」當耶穌被處以十字架刑，那十二個人都逃走了——偉大的跟隨者——害怕自己被認出是耶穌的跟隨者，因為他們一直跟著他。那十二個人一直在他身邊；每個人都認識他們——他們可能會被抓。如果耶穌被處以十字架刑，他們也可能會遇到同樣的情況。

他們都逃走了。完全忘掉神的王國、跟隨耶穌基督。而那十二個把師父留在十字架上的懦夫成了基督教的十二個偉大的先知。

整個基督教根據那十二個懦夫的話語建立起來。耶穌無法拯救任何人——連自己都無法拯救。在十字架上的最後一刻，非常的失望，他對天空大喊，因為他在等待奇蹟發生，但沒任何事發生。人們嘲笑，把他當成笨蛋：「這是神唯一的兒子。現在叫你父親來救你。」

最後他大喊：「父親，你為何遺棄我？」

連他的信任都不是完全的，連他都懷疑也許神遺棄他了，所以沒奇蹟發生。

沒有奇蹟會發生。當然不會有例外情況。

但兩千年來，無數人都在依賴這個可憐的耶穌。只是個希望，但那個希望是危險的，因為那使你無法改變；使你無法為自己做任何事；使你無法發揮自己的潛力、智慧、力量、那些一直在那兒的。

不需要耶穌、克理虛納——每個人都必須警覺，拋棄所有虛假的希望。沒人可以拯救你，沒人可以拯救任何人。師父只是指出方向。因為他們經歷過了，他們可以使你不迷路，指出明確的路線。但沒人可以為你走。那是好的。如果某個人可以拯救你，那會是危險的，因為他會變成你的主人，你變成奴隸了。

即使在神的王國，你也會是奴隸。帶你去那兒的人——你透過臣服、跟隨他、按摩他的自我來賄賂他——他隨時可以把你踢出大門。

曾發生過……

我坐在村子裡的河岸邊。那時是晚上，天色稍暗，有個人開始大喊：「拯救我，拯救我！」他淹水了。

我不相信拯救任何人，於是我看看四周——如果有人去救他……會是好的。但沒有任何人，所以我不情願的跳入河裡，把他拉上岸。

他說：「你做了什麼？我要自殺！」

我說：「太好了！那你為何大喊救我？」

他說：「我怕了！」

我說：「不用擔心。」

我把他推下去——如果我可以救他，我也可以把他推下去。

然後他又大喊：「請救我！」

我說：「不了。你做你想做的事。」

不要依賴；每個依賴都是奴役。那就是為什麼我不會對你說：「跟隨我。」我會說：「試著了解。」透過了解，也許你可以看出自己要走的路。

我可以幫你看出要走的路，我可以幫你張開眼睛；我可以對你的眼睛潑冷水——那就是我每天在做的。有時候你生氣了，因為沒人想要一大早被潑冷水。我可以搖醒你、喚醒你、把你拉下床。我可以使你稍微警覺，詳細的告訴你如何變得更覺知、更靜心的——然後就沒別的事要做了。

你的靜心會引領你。我無法引領你去任何地方。

你會感激我沒有要求你做一些廉價的事——臣服我，只要信任我，一切都會好起來。那都是胡扯。你喜歡這樣是因為那是廉價的，你喜歡這樣是因為你不用做任何事。我要你做某件費力的事。你必須做，你必須努力下工夫。你必須磨銳你的智慧和意識，當它被磨銳了，路線會越來越清楚。你不是任何人的影子或跟隨者。

每個人都獨自達成真理，不是依靠任何人。獨自達成是美麗的，因為那是你掙來的。你得到那個資格。

奧修，你要傳達給現代傑出的尼泊爾佛教徒的訊息是什麼？

我的訊息不是特別針對佛教徒、基督教徒或印度教徒。我的訊息是針對人類，因為我不相信這些分別。

我要佛教徒了解的第一件事是，成為佛是美麗的，成為佛教徒是醜陋的。成為基督是美麗的，成為基督教徒是醜陋的，因為基督教徒和佛教徒都是在模仿。

只要想想佛陀。他是原創的——那是他的美和偉大。他不是佛教徒，他只是他自己。

他努力了六年，為了找到真理做了一切，但除了挫折和失望之外，沒任何事發生。他非常沮喪，因為他跟隨過所有偉大的老師。那些老師告訴他——因為他的誠懇、真誠——「我們已經把知道的一切告訴你了。如果你想要更多，那你得自己找到。我們只知道這些。我們很清楚你不滿足；我們也不滿足，但我們沒有尋找的勇氣。」

最後，佛陀只得離開所有老師和師父，開始他自己的找尋。他非常努力。其中一件發生過最重要且必須被全世界所有求道者記住的事，那在人類歷史上仍是一個重要的里程碑。

有一天他待在尼連禪河邊。我去過那兒。那是很小的河；也許在雨季會變比較大。我在夏天去過那兒；那只是一條小河。

他進入河裡洗澡，但他禁食太久了。很虛弱，河流很急，於是他開始下沉。他想辦法抓住樹根，然後突然有個想法：「我因為這些老師和經典而禁食，變得很虛弱，不斷堅持除非透過禁食純化自己，否則無法成道。我使自己變得很虛弱，但成道沒發生。我甚至無法離開這小小的尼連禪河。那我怎麼能離開世界的海洋？」

在印度神話中，世界被比喻成海洋——巴夫薩加。「如果我連尼連禪河都無法越過，那我要如何越過巴夫薩加，世界的海洋？」

那是個偉大的洞見：「我一直不必要的折磨自己。那不是純化，只是使自己變虛弱。那沒有使我變成神聖的，只是使我生病。」

那晚，村裡的一個女人對一棵樹許願，如果她兒子的病可以痊癒，她會在滿月的夜晚用一碗甜點，充滿感激的供養樹神。她會貢獻甜點——「請接受它們。」

某個滿月的夜晚，剛好佛陀坐在樹下。那女人想：「我的天，樹神坐在樹下等我。」她很高興。她把甜點放在那兒說：「我從未聽過樹神會出現接受我們窮人的供養，祢是偉大的，提供了很大的幫助。請原諒我帶來這麼多麻煩，但請接受這小小的供品。」

數年來，佛陀第一次毫無罪惡感的接受了。所有宗教都為每件事創造出罪惡感。如果你在吃某個好吃的東西——有罪。如果你穿了某件美麗的衣服——有罪。如果你是快樂的，一定有某件事錯了。你應該嚴肅、悲傷——然後你才會是有宗教性的。一個宗教人士不該大笑。

佛陀第一次擺脫了所有傳統。沒人分析他當時的頭腦狀態——那對於成道的心理學會是非常重要的。佛陀直接拋棄所有的傳統、正統、所有他被告知的、所有他被制約的。他直接拋棄一切。他甚至沒問那個女人：「妳屬於哪個種姓？」就我所知，她一定是個首陀羅。

沒有任何地方提過，但我這樣說是有原因的，因為她的名字是蘇嘉塔，意思是出生在高貴的家庭。只有某個不是出生在高貴家庭的人會有這個名字。一個出生在高貴家庭的人不需要有這個名字。你可以在村子裡找到最窮的人，他的名字會是代尼達斯：村裡最醜的女人，她的名字會是桑德愛。人會用名字為實際身分加分。那個女孩的名字是蘇嘉塔。

那晚，佛陀拋棄了整個困住他的架構。他沒有問她的種姓和教派。他接受了供品，吃了那碗甜食，這麼多日子以來，他第一次毫無罪惡感的睡著了。

你們所謂的聖人害怕睡覺。連睡覺也是罪——必須縮短。你睡越少，你就越神聖。

那晚，佛陀像小孩般的睡著了，沒有任何對錯的概念——天真的，卸下所有制約、傳統、正統和宗教的重擔。那晚他甚至不擔心真理和成道。他睡得很深沉，沒做夢，因為夢只有當你有慾望時才會出現。那晚是完全無慾的。他沒有慾望，因此沒有做夢的問題。到了早上，當他張開雙眼，他是完全寧靜的。外在上是完全寧靜的。太陽很快就要升起了，當太陽開始升起，他裡面的某個東西也開始升起了。

他沒有在尋找、要求。他第一次沒有渴求它，而它發生了——他是充滿光的。

悉達多變成了佛陀。

我的訊息是：試著了解佛陀。他是其中一個在地球上曾經行走過的最美的人。

威爾斯在他的世界歷史中寫了一段應該用黃金寫下來的話：「佛陀也許是最不相信神的

人，然而卻又如此像神。」

在那個光芒中，那個成道的片刻中，他沒看到任何神。整個存在都是神；沒有獨自存在的創造者。整個存在都充滿了光和意識；因為神不存在，存在的只有神性。

這是宗教世界中的一個革命性劇變。佛陀創造了沒有神的宗教。神首次不再處於宗教的中心。人變成宗教的中心，人的內在核心變成了神性，你不用去任何地方——你只需要停止往外走。在內在中停留幾個片刻，漸漸的，安住在自己的中心。當你安住在中心的那一天，將會有爆發。

所以我的訊息是：了解佛陀，不要成為佛教徒。不要跟隨。讓這個了解被你的智慧吸收，讓它變成你的。一旦它變成你的，它就會開始轉變你。在這之前，那仍是佛陀的，二十五世紀之久。你可以持續念誦佛陀的話語——它們是美麗的，但它們不會幫助你達成你在追求的。

所以我的訊息是針對每個人的。基督教徒、耆那教徒、印度教徒、回教徒。他們都在犯同樣的錯，他們都得用同樣的方式修正。

試著了解。如果你愛佛陀、了解耶穌或克理虛納，這不會有任何傷害。了解一直是珍貴的。

從許多花朵中收集盡可能多的花蜜。讓自己更豐富，讓那個了解變成你的。那不該被寫在引文中。那應該是你的感覺、你的見解、你的了解，然後就沒有念誦的必要。它會一直跟著你。那會在你的行為中顯示出來，否則你會重複佛陀的話語，但你的行為卻不一致。

我會告訴你一個故事。

佛陀對他的比丘說過——他這樣說有個原因——「無論什麼東西放到你的缽裡，你都得吃掉。不要要求更多，不要有食物剩下。尊敬食物。不要叫人們給你什麼。」

每個人都知道佛陀和他的人都是素食者，所以只會給他們素食。

有一次，一個比丘回來時，一隻小鳥飛過時掉了塊肉在他的缽裡。現在這對他是很大的問題，因為佛陀說過：「不能拒絕缽裡面的任何東西。無論缽裡面是什麼東西都得吃掉。」而他也說過：「不能吃肉，不能為了吃而殺生。」

他來到佛陀和比丘們面前提問：「我該怎麼做？我該把這塊肉丟掉或吃掉？」

佛陀閉上眼睛想了一會兒。那是很難的決定，因為會有風險。如果他說：「丟掉，」那他就給了機會，接下來的幾世紀，佛教徒可以選擇食物。他們會吃想吃的，丟掉不想吃的。那是浪費食物，不敬的。

如果他說：「吃掉肉，」他認為不會有風險，因為小鳥不會每天都掉肉——也許一百年一次或不會再發生了。那只是個意外。於是他說：「無論缽裡面有什麼，都必須吃掉。」

那就是吃肉的開始。那就是人們狡猾的頭腦如何運作的。比丘們開始把消息散播給民眾：「你可以給肉；沒有影響。」這就是我說的：只是跟隨卻不了解。

了解佛陀——他的訊息有無窮的價值，特別是對於現在的時刻。不要過著摧毀性的生活。不要為了口慾殺生。你自己殺或別人為你殺都一樣。

如果你想要擁有佛陀給予世界的靜心、內觀，你必須成為素食者。非素食者會很難，因為靜心適合很敏感的人，吃肉的人是冷酷的。他不是很敏感；他是遲鈍的。他從童年就開始吃肉，所以他沒察覺到；他習慣了。

對我而言，是否吃肉並不重要，重要的是佛陀給予的靜心不可能適於吃肉的人。那是很冷酷的，而靜心需要一顆非常柔軟的心、充滿愛的心、非常慈悲的心——無限的慈悲。

佛陀說過：「當你靜心，不要忘記靜心後，你應該把所有透過靜心來到你身上的祝福散播給全人類或全世界、整個存在。你應該要記住：無論我得到什麼，任何功德、法——任何我透過靜心得到的純淨不該只是我佔有，我要把它給予整個存在。」

有個人說：「我可以照做，但你得原諒我，有個例外。」

佛陀問：「什麼例外？」

他說：「我可以給予全世界，但除了我的鄰居。那部分你得原諒我。我會說：我把所有的祝福給予全世界，除了我鄰居。」

佛陀說：「那你並不了解我說的。即使只是一個例外也顯示你不是敏感的，你不了解我說的話。你不了解慈悲和愛的意義。」

試著了解佛陀，但不要只是個佛教徒。你必須成為佛，那是你的權利。你不該只是個好的佛教僧侶——那是很悲慘的結局。你必須達到佛陀達到的狀態。

奧修，一天靜心一小時可以在這一世成道嗎？

世界上所有偉大的靜心者都發現只要四十八分鐘，剛好四十八分鐘，就足以使你成道。但是要靜心四十八分鐘，我甚至沒算成六十分鐘，我給你正確的時間——那不是容易的事。即使只是靜心一分鐘，完整的一分鐘，六十秒，也是困難的——但不是不可能。你可以試試。在你前面放個有秒針的錶，當那個秒針從十二開始移動時看著它。只要持續看著秒針，看你可以一直看著它多久。

最多，你在十到十二秒的時候就會分心，你的心會飛到別的地方。等到回神，已經過了幾秒鐘，秒針已經經過了。但如果你每天做，在幾天內就有可能靜靜的看六十分鐘。

內觀也是這樣。你必須觀看自己的呼吸——那是佛陀用過的方法，一個非常簡單又科學的方法。你只要看著自己吸氣，你跟著它進去；呼氣時，你跟著它出來。你隨時都不忘記觀看；你不分心。

如果你可以持續四十八分鐘，那天你就會成道，在這一世！不需要等到來世，甚至不需要等一小時。額外的十二分鐘可能太難了。只要四十八分鐘，那是正確的時間。

要做到四十八分鐘可能需要好幾年，但不需要拖延到來世，可以在這一世就發生。

那依你的強度而定。

那依你做好多少準備而定，依你有多想而定、依你有多敞開而定、依你多有接受性而定、依你有多嬌弱而定。

奧修，心靈的探索可以和物質的提升並行嗎？

不會有衝突。心靈的成長可以和物質的提升並行。只有一件事要記住：物質的提升應該是僕人，心靈的成長則是主人。

無論任何情況都不能為了物質的提升而犧牲心靈的成長。任何時候，只要有需要，物質的提升可以為了心靈的成長而犧牲。如果你了解這些，就不會有問題。

之所以有這個問題是因為物質的提升持續是主人，而你仍想要在心靈上有所成長。靈性不能是僕人。你的靈魂不能是身體的僕人。你的靈性必須是主人，那麼其他一切就能像僕人一樣的運作並有所幫助。

不需要區分生命。對於那些可以做到這樣的人——把心靈的成長放在第一，物質的提升只是用來幫助它，永遠不會反對它，總是跟隨它，支持它——就不會有問題。必須讓全世界的宗教很清楚這點。東方選擇了一半——心靈的成長——變得害怕物質的成長。誰知道？——它可能會變成主人，被放在第一。因此東方是貧窮的、沒生命力的。

西方來到另一端——他們把所有能量用在物質的提升，完全忘掉只有物質的提升是沒有意義的。它無法引領你到任何地方；只會引領你進入極度的挫折，最後，過著一個無意義的生活，你會了解到你浪費所有生命在收集垃圾和廢棄物。那不會帶給你寧靜和平和。無法使你覺察到真理。現在死亡在接近，而你的雙手是空的。你的一生只是個沙漠。

西方在心靈上是貧窮的，在物質上是富有的。東方則在物質上是貧窮的，在心靈上是富有的。

但雙方都只有一半，雙方都在受苦。

我的努力就是要綜合——那是可能的。只要記住誰是主人，誰是僕人。

第十二章
黃金中道

奧修，你在做什麼？你為什麼這麼做？那和我們在做的一切有何差別？

我沒有在做任何事。我對任何目標、計畫、未來沒興趣。我只是一個片刻接著一個片刻的活著，自發性的。

就如同花園的花朵，沒有做任何事，只是在那兒，或者天空的星星，沒有做任何事，只是在那兒，我只是在這兒。但我沒有在做什麼，也沒有為什麼，因為我甚至沒考慮到接下來的片刻。

無論發生什麼事，我都讓它發生。

你以為我在對你講話。就我而言，無論什麼來到，我就讓它被說出來。我只是一面鏡子——鏡子不會做任何事。

從語言的角度來看，似乎鏡子也在做某件事——反映。就語言學而言，反映是一個動作——但鏡子並沒有做任何事。

當你站在鏡子面前，它會反映你。當你移動，映象就消失了。鏡子只是在那兒，無論什麼來到它面前，它就反映出來。

那就是為什麼我幾乎不可能對你說話，除非你發問——因為我沒有什麼要說的。你的問題激發了我的意識。它會反映、回響、回到你身上，但那不是我的作為。

你在做什麼，你為什麼這麼做——我怎麼會知道？那是你的事，你的問題。我可以談論我自己，也許這就是差別：我知道我自己，而你不知道你自己。你做這些事，但你不知道你為什麼這麼做、不知道你在做什麼⋯⋯

你活在黑暗中、無知中、盲目中。我知道我沒有做任何事。我只是一面空的鏡子。如果你想要得到某件事的回響，你可以到我面前提問。如果某個答案出現，那就只是發生了——不是作為。

就像水往下流，太陽升起，鳥兒開始唱歌，花朵綻放。太陽沒有做任何事。它沒有敲打每隻鳥的巢——「起床，開始唱歌⋯⋯」太陽就只是出現——然後某件事發生在所有的存在。生命開始甦醒、回應。

我只是個存在。

你想提多少問題就提多少。

那依你的問題、你的探求、你的詢問而定。我必須拿掉一些問題，因為我不想任何人因為問了某些蠢問題而看起來像笨蛋。

例如有個女人前天一直問：「我喜愛我的自我，我能做什麼？」能做什麼，如果妳愛自我，愛是好的，至少妳愛著某個東西。總比什麼都沒有好！妳愛妳的自我——那妳為什麼擔心要做什麼？只有愛不夠嗎？妳還想要別的嗎？當然，妳擔心愛著妳的自我會使妳陷入危險的情況——變成妳的地獄。妳知道的，否則不會有要做什麼的問題。

每天我看到這些問題，都會讓我想到一個故事：

一個老女人死了。她很害怕——因為她一生沒做任何可以使她上天堂的事。但奇怪的是出現了一根胡蘿蔔。它說：「妳忘了。我是妳唯一做過的好事。妳曾經把我給了一個乞丐。我爛掉了，妳把我扔掉，剛好一個乞丐經過，妳把我給了他。但即使如此，存在也會獎勵。我是神派來的——抓住我，我會帶妳到天堂。」

那女人很興奮，抓著胡蘿蔔開始上升。人們來弔唁，因為他們聽說她死了。當他們看到這根胡蘿蔔，女人抓著它上升：有些人跳上去抓住女人的腳。然後變成長長的一列，如此綿長以致於你無法從這一端看到另一端：但女人很生氣：「這麼多人都可以上天堂」——而胡蘿蔔是她的！

在天堂之門前，她對後面一整列延伸到地球的隊伍大喊：「你們滾開。這是我的胡蘿蔔！」

說話的同時，她忘了。對人們一邊做手勢一邊說：「這是我的胡蘿蔔」——胡蘿蔔消失了。它進了天堂，一整列的人都掉下去。從天堂掉到地球，沒人活著：

只是這個我的胡蘿蔔的想法就會使妳遠離天堂之門。妳沒有站在天堂之門前，妳愛上了自我。所以盡可能的愛它，很快它就會為妳創造出地獄。只有那個地獄能使妳張開眼睛——不是我的答案。

我每天都在拿掉這類問題，因為我不想要任何人在這麼多人面前看起來很愚蠢。這是侮辱，我不想要侮辱任何人。

就在今天，另一個人問：「成道者會暴食嗎？」我有時候好奇人們在想什麼——他們如何會有這種問題。你看過多少成道者？沒錯，有的人會暴食，但他們不是成道者——他們對食物上癮，他們無法不吃東西。

我在美國時⋯

有三千萬人死於飢餓，也有剛好三千萬人死於暴食——而人類認為自己是有意識的存在、有智慧的、警覺的⋯現在這很明顯。那三千萬人不應該暴食，因為他們是在謀殺自己。他們省下來的食物將可以拯救沒有東西吃的人。不用做任何事就可以拯救六千萬人，只需要一點了解。

成道者永遠不會走到任一極端。他不會禁食或暴食。兩者都是在折磨自己的身體。你可以透過不吃東西或暴食來折磨身體。

成道者會跟隨黃金中道：他總是待在中間，永遠不會走到極端。

佛陀的生平中曾經有一個美麗的故事⋯

他正要經過舍衛國——過去是一個非常富有著名的城市——國王是其中一個最自我主義的人。他在各方面都是極端主義者。他過著極度奢華的生活。白天都在睡覺，晚上則是宴會、喝酒、跳舞和賭博——他過著日夜顛倒的生活。

他有一個美麗的皇宮。樓梯沒有欄杆。每個梯階都站著一個年輕的裸女，以便他可以把手放在那些裸女身上，把他們當成欄杆。

他聽過佛陀，因為很多人對他說：「你至少應該去聽他說一次話。這個人裡面有某種真實、美和魔力。他說的話不是理論，他說的話似乎來自內在的存在，他自己的經驗。他不會引用別人的話，他不是學者。他說的是他經歷過的，他說話時的影響力是如此大，不可能不感動。」

很多人這麼說，最後他終於找了一天在早上起床，去聽佛陀說法。人們描述他的一切並不誇張。事實上，那些人的描述還差得遠。佛陀有某種把你拉向他的引力。

夏隆站了起來——那是舍衛國國王的名字——觸碰了佛陀的腳說：「請點化我，我想要當比丘。」

那是個震撼。沒人想過這個人會想當和尚。連佛陀也說：「你只聽我說過一次話，你應該考慮一下；不用急。」

但那不是夏隆的個性。他說：「當我說我想當比丘，我就要當比丘——而且是現在！」

他是極端主義者。他當了比丘。放棄了王國。

比丘不會赤裸，但夏隆開始赤裸的生活。人們對佛陀說他似乎是一個真正偉大的苦行者。佛陀說：「你們不了解他。他只是極端主義者。」

比丘一天吃一餐。夏隆則兩天吃一餐。他打敗所有比丘，甚至佛陀。當他們在旅行時，每個比丘都走在路上，但夏隆會走在路旁。走過荊棘、粗糙的石頭，他的腳會流血。人們開始非常尊敬他。連其他比丘也認為他們沒有像夏隆這麼偉大。甚至有人開始認為他們應該跟隨夏隆而不是佛陀。

六個月後，夏隆變黑了——他曾是一個美麗的人——因為他總是赤裸的站在烈日下。他不吃東西而摧毀了自己的身體，明明有道路，他卻走過粗糙的石頭、荊棘、灌木叢而摧毀自己的腳。

六個月內他被嚴重的疾病纏身，佛陀親自去看他。那是很少見的，因為佛陀從未親自探望過生病的比丘。

這件事傳遍了所有的比丘，夏隆確實是偉大的苦行者，否則佛陀不會只是因為生病就去看他。

但佛陀去是為了別的原因。他沒有詢問夏隆的疾病。他說：「我聽說你當國王時有彈奏過西塔琴，而且你是一個大師級的音樂家。全國上下沒人比得上你——是嗎？」

夏隆說：「是的。我喜愛彈奏西塔琴，我一生都在彈奏它。我非常精通它，沒人比得上我。」

佛陀說：「我要問幾個問題。第一：如果西塔琴的琴弦太緊，是否能產生美妙的音樂？」

夏隆說：「美妙的音樂？它不會產生任何音樂。太緊的弦只會斷掉。」

佛陀說：「如果琴弦太鬆是否會產生美妙的音樂？」

夏隆說：「你的問題是奇怪的。琴弦太鬆，拉力就不夠，無法產生音樂。」

佛陀說：「如果要產生美妙的音樂需要什麼條件的琴弦？」

夏隆說：「它們必須剛好在中間，不鬆不緊的位置。而且調整琴弦到剛好中間的位置是一個訣竅。」

佛陀說：「我沒有其他要問的了。我是來提醒你，生命就像彈奏西塔琴：如果你太鬆散，你就錯過了，如果你太緊繃，你就錯過了。每一個極端都是死亡，訣竅在於如何找到剛好在中間的位置。你過著完全奢華的生活是太鬆散。現在你過著不必要的苦行生活是太緊繃。選擇中間，聽我的話，智者總是選擇中間的路線，他們從不選擇任一端。只有笨蛋才會這樣做。」

所以無論任何情況，成道者總是剛好平衡的待在中間。

那就是為什麼甚至很難認出成道者。你可以很容易就認出極端主義者：他在禁食，他赤裸的站在烈日下、酷寒中……你可以分辨。他用頭站立，或者用腳站立好幾年，但不坐下、不躺下。你當然可以認出來，因為他在做某件不自然的事。

成道者是完全自然的——但需要了解，他會很難被認出來。你得需要很大的洞察力和了解。你需要有某些靜心的經驗，否則你不會了解他。

例如，佛陀活著時，印度教徒是否定佛陀的⋯他們不承認他成道，因為他們的神的化身——羅摩、持斧羅摩、克理虛納、濕婆——沒有一個棄世、放棄任何東西。他們過著極為奢侈的生活。他們住在大理石製的皇宮，用黃金馬車代步⋯那似乎是適合神的。但佛陀拿著行乞缽，光著腳在路上走，甚至沒坐馬車——印度教徒無法想像他是什麼樣的神，他達成的是什麼樣的成道。克理虛納或羅摩從沒這麼做過。在他們的時代沒有這種人。他們自然會否定他。

耆那教徒否定佛陀的成道，因為耆那教徒處於另一個極端。馬哈維亞赤裸的生活。他和佛陀是同時代的人；他赤裸的生活。他甚至沒拿行乞缽——那也是一種佔有。

佛陀穿的衣服有三塊布，還有一個行乞缽——至少四樣東西。對馬哈維亞而言，那是過度的佔有——他什麼都沒有。他會用手行乞。他會用手當成行乞缽。而耆那教有一段漫長的二十四個渡津者的歷史⋯同樣的苦行方式、同樣在一段時間內禁食好幾個月的方式。十二年內，馬哈維亞只吃一年——不是一整年，如果禁食兩個月，他會吃兩、三天，如果禁食幾個月，他會吃一周⋯十二年來，他只吃了三百六十五天。他禁食了十一年。

現在耆那教徒無法接受佛陀成道了，因為他每天都吃東西。一天一餐——那太奢侈了。

我要你了解，要了解成道者是世界上其中一件最困難的事，因為他待在中間。他是完全自然的。極端主義者是可以認出來的。

發問者也許看過印度教和尚有都有一個大肚子⋯我看過很像尼提阿南達的和尚。不能說尼提阿南達有個肚子，最好說肚子有一個尼提阿南達。肚子比尼提阿南達還龐大。肚子就是全部。頭部和腳連在上面，但是連艾德蒙希拉里都會覺得很難攀登上去！

但印度教徒會這樣是因為好幾世紀來，供養和尚一直被認為是大善行，給他食物，盡可能給他很多美味的食物。所以人們會帶食物、水果、甜食——各種東西——所以和尚⋯

需要了解——其中一個人類的生命奧祕就是如果你壓抑性，你會開始吃很多。如果你完全拒絕愛，食物就會變成你唯一的愛情故事。

原因來自於小孩出生後和母親胸部的接觸。他同時會感受到母親的愛和母奶——食物。食物和愛從第一天開始就變成相關的。

那就是為什麼每個商人都知道談生意時要吃一頓好的晚餐。然後生意就可以很容易談成；容易談判，也比較有利。先餵飽人，讓他處於充滿愛的情境，無意識的。這就是心理學：有了食物，愛就參與其中了。

把愛拿走，你會立刻發現他開始吃得更多，因為他用食物取代愛。

如果沒結婚的女人沒有肥胖過，當她們結婚，生活安定下來，有了丈夫⋯現在沒有競爭的問題，特別是在這樣的世界中，她們開始變胖。她們和丈夫爭吵、和丈夫吵架、嘮叨丈夫。你會驚訝，她們會在丈夫吃東西的時候嘮叨——無意識的。那是最脆弱的時間，因為那是他想要愛的時候，也是他被給予恨的時候。你無法找到更好的折磨方式了。

每天同樣的男人、同樣的爭吵、同樣的吵鬧⋯漸漸的，你忘掉什麼是愛。然後人們會開始吃得越來越多。東方的女人比男人胖，因為女人無法在社會上自由的活動並談戀愛，但男人婚後會出軌。

在西方，男女是相同的，但在東方，女人比男人胖。那表示男人比女人有更多的自由。但就食物而言，她是自由的，而且她整天都待在廚房。

我想到一個趣聞⋯

有個人的妻子變得很胖以致於她的丈夫不好意思帶她去任何地方。無論他和妻子到哪兒，她會立刻變成每個人的焦點：「這是什麼樣的女人？」特別在西方，苗條被認為是美麗的。一個胖女人在東方可能可以被接受，但在西方——不可能！

在東方，和尚在禁食；在西方，女人在禁食。每個人都在節食。為什麼？——因為你越瘦、看起來越年輕，你就越美。

那個人問心理醫師：「該怎麼辦？妻子不聽勸。」

心理醫師說：「你做一件事。」他給了一張比例很好的赤裸美女照說：「把它掛在冰箱上，每當你妻子打開它，她會突然察覺到她在做什麼。她應該像這個女人。也許這會有用——不斷的記住。無論她去冰箱拿任何東西，都會看到這個美麗的裸女⋯」

六個月後，心理醫師遇到他。幾乎認不出來。發生什麼事？那個人變得很胖。心理醫師問：「怎麼回事？你說你妻子太胖——必須做點事。但在六個月內，你做到一般人無法在六個月內做到的。」

丈夫說：「都是你的原因，因為這張照片。」

心理醫師說：「我不了解。」

那個人說：「這很容易了解：那對我妻子沒用，但對我有用。我開始去冰箱那兒看照片。當一個人很靠近冰淇淋、這個和那個，自然會拿點東西。我妻子也一樣，現在我跟她一樣重。但這是你造成的——那張愚蠢的照片！我以為你是心理醫師。」

成道者是如此充滿愛和慈悲以致於他不可能暴飲暴食。

他不只對你慈悲，他也對自己的身體是慈悲的。他無法透過禁食折磨它，他無法透過暴飲暴食折磨它。他會一直處於中間。

待在中間就是智慧、真理和存在的美。

奧修，旅程是否可以因為慾望而開始，因為無慾的觀照而結束？

沒錯，因為每個慾望將會帶給你憂慮、煩惱、痛苦、悲慘。所以任何因為慾望開始的旅程會是通往地獄的旅程。而且你能持續多久？一個人能受苦多久、持續是悲慘的？忍耐有個限度，每個人都有其極限。當你到了極限，你可以清楚的發現到痛苦、悲慘、地獄都是你的慾望創造的。

你無法避開痛苦、悲慘和地獄又同時保有你的慾望。當你了解它們的關係，慾望、痛苦和悲慘會立刻從你的手中掉落。你不需要拋棄它們。了解到是慾望創造了這個無法忍受的地獄，所有的夢魘⋯每一刻都變成只有痛苦，而且那是慾望造成的，雖然這個慾望承諾你會上天堂⋯

每個慾望都承諾你會上天堂，但都引領你進入地獄。

每個慾望都承諾你會有很大的愉悅，但每個慾望都以絕對的痛苦告終。

了解它、認出它，世界上沒人這麼笨會不拋棄慾望、整個旅程都攜帶著它。拋棄慾望，旅程將會把你帶到覺知的狀態。為什麼人們不拋棄慾望？因為他們沒有完全跟隨慾望，所以他們從未看出之間的關聯。

每個人都有很多慾望，同時往很多方向追逐，所以每個方向都無法走太遠。那就是為什麼無數人持續活在痛苦中，無法了解是自己的慾望造成的。他們持續尋找其他為什麼造成他們痛苦的理由。也許是別人造成的，也許是命運的捉弄；也許是他們的掌紋；也許是星相圖不對⋯他們持續把責任推到其他事上，而那都是胡扯。

你的掌紋和你的生命無關，天空的星星和你的生命無關。你出生的時間和你的生命無關。

你必須完全負起責任，是你要決定活在痛苦中或祝福中。

如果你想要痛苦，就擁有更多慾望。如果你想要喜樂，那就學習那個技巧——即使只有幾個片刻——成為無慾的，你會驚訝。即使幾個片刻，如果你是無慾的，所有的煩惱、憂慮都會消失。你是如此滿足以致於無法再要求更多。你有這麼多的祝福以致於你只能說你要祝福整個存在。它仍會在那兒。它是如此多；氾濫的。

一旦你經驗過——只是一個片刻——你就知道那個祕密了，你找到鑰匙了。然後由你決定。

如果你想要二十四小時都是喜樂的、是一首狂喜的歌，那只要拋棄慾望。它們從未給任何人任何東西過。它們只是使你變成乞丐。

亞歷山大大帝曾來到印度……

他致力於征服全世界。那是他唯一的慾望：他想要成為第一個征服全世界的人。

他聽說在希臘，其中一個最奇怪的人，戴奧真尼斯，住在河邊。亞歷山大聽過很多關於這個人的故事。每個故事都是令人著迷的。

在西方，從沒有過另一個戴奧真尼斯。在東方我們有很多個，但西方在這方面是貧乏的。只因為戴奧真尼斯是唯一擁有佛陀品質的人，他被誤解了——現在仍被誤解。但他的生活方式是著名的，到處都流傳著相關的小故事。

亞歷山大說：「他在附近。不會用太多時間；我要去見他。」

他一大早去見戴奧真尼斯。太陽升起，他在河邊一個美麗的地方。他赤裸的躺著做日光浴。亞歷山大看著他。他沒看過這麼美的人——如此平和、安靜，但沒有任何東西。但連亞歷山大也深深感覺到他比這個人貧窮：「他的內在有些東西使他比我富有。」亞歷山大說：

「我想要給你一些東西，戴奧真尼斯。我可以……？我可以做任何事，只要你說出來。」

戴奧真尼斯說：「但我是非常滿足的。你能做的是——那會是很大的恩典——稍微站過去點。你擋到太陽了……就這樣。我一生都會感謝你。」

亞歷山大無法相信這個乞丐沒要求任何東西，即使這個世界上最偉大的皇帝準備要給他任何東西。即使他要求整個王國，他也承諾會給他。他只是說：「稍微站過去點。你擋到太陽了。記住，永遠不要擋到任何人的太陽。我不需要任何東西，但我想問你要去哪兒。我聽說你要征服世界，但你有想過世界只有一個嗎？」

亞歷山大一開始不了解他的意思。戴奧真尼斯說：「我的意思是當你征服了世界，然後你要做什麼？沒有其他世界可以征服。你會感到很失望。這個世界被征服了——然後呢？自殺？沒事可以做了；你浪費一生去征服世界。記住，最偉大的國王和最窮的乞丐都會死。死亡是偉大的平衡器。死亡不會因人而異。」

亞歷山大說：「我了解，但現在只剩一小部分。我也想要跟你一樣寧靜和快樂，但我得先征服剩下的一小部分。」

戴奧真尼斯說：「這是很奇怪的。你可以看到在你面前的人不用征服任何東西就是完全喜樂的，而且你確定你可以返回嗎？世界是巨大的，生命是短暫的。如果你聽我的建議，這個地方很大——整條河都能使用；沒人會來這兒。你也可以躺下來。你可以跟我一樣好好的休息。忘掉世界。我可以教你如何征服你自己，那才是真正的勝利。」

亞歷山大受到很大的影響，但他說：「抱歉，我相信你說的是對的，但現在我不能半途而廢。我必須先完成我的慾望。」

你會驚訝的知道他無法返回希臘。他在返回的路上死掉。

奇怪的是，戴奧真尼斯在同一天死掉——這個故事在全希臘流傳，當他們到了死後的世界⋯根據希臘神話，你必須經過一條將這個世界和死後的世界分開的河。亞歷山大在前面——他早了幾分鐘——戴奧真尼斯在後面。看到亞歷山大赤裸著，戴奧真尼斯大笑著。

亞歷山大回頭說：「戴奧真尼斯！我的天，我沒想過我們會再見面。多麼巧！一個皇帝，一個征服世界的人遇到全世界最有名、最偉大的乞丐。」

戴奧真尼斯說：「你是對的，但你不了解誰是征服者、誰是乞丐。乞丐在我前面，征服者在這兒。你失去一切來到這兒，我滿足的來到這兒，完全滿足的。世界是一個很棒的經驗，我上了一課。你來這兒卻沒得到任何東西。你把所有時間浪費在征服世界。現在看看——你也是赤裸的，我也是赤裸的，但你為自己的赤裸感到羞恥。我沒有，因為死亡甚至沒有從我這兒拿走衣服——我在死前就放棄它們了。死亡無法從我這兒拿走任何東西，而它拿走所有你征服的一切。你像乞丐一樣的來到這兒。至少現在試著了解。」

這一定是個故事，因為誰知道死後發生什麼？但它是美麗的、有意義的、非常需要了解的。

如果你有慾望，試著看——是那些慾望造成你的痛苦嗎？沒人想要痛苦，但沒人願意拋棄慾望——而它們會在一起，無法被分開。

這是來自世界上所有成道者的其中一個洞見——慾望就是所有痛苦的根源，無慾則是所有美麗和喜樂的原因。

奧修，我有點困惑。全然的過生活和同時從外在來觀照它是否會彼此衝突？

我看過這個問題。它太長了，所以我叫某人摘要，但摘要失去了原本要問的部分。

這問題是我教導觀照，但我也教你們全然的做。發問者的問題是如果我們全然的做，那誰來觀照？如果我們觀照，我們至少有一部份意識會不在那個行為中，它將不會是全然的。所以他是在問我們是否可以全然的在行為中，或者我們必須把自己分成觀照和做者。

會有這個問題是因為你只是用想的。你沒做任何事去經驗我說的。

首先，觀照不是行為。

當鏡子反映你，你認為它在做某件事嗎？那只是它的特性。它沒有任何行為。即使你不在那兒，它也在反映。也許只是反映房間的牆壁，或任何在它面前的東西。反映不是行為。所以它是帶著觀照的——觀照不是行為。

如果你用邏輯思考就會有衝突。但如果你照我說的做，你可以全然的進入行為中——你的身體、頭腦和心都會在裡面，那就是你的全然性。但有某個東西在這三者後面，那不是你，而是宇宙意識的一部分，你裡面的神——那就是鏡子。

所以當你在觀照，你的鏡子是在反映。你全然的在行為中——你的身體、頭腦和心——一切都在行為中。但這三個部分之外還有某個東西。

在東方我們只是用個數字稱呼它。為了某個原因，我們沒給它命名。我們稱它為第四的。那是個數字，不是名字。我們沒給它名字是因為任何名字都會在你頭腦中創造某種意義或想法；數字不會。

你是由三個部分構成的：身體、頭腦、心。第四的只是你裡面寧靜的存在——那不是你。不要把它當成你的一部份；它是在你之外的。它可以反映全然行為中的你。那個行為無法分割，因為那不是行為；那是觀照，只是反映。

思考它是另一回事；邏輯、理智會說你在做兩件事——你走路和觀照。那是分開來的。但這只是邏輯的推論。

只要試著安靜的、喜悅的走路——把一切投入到早晨散步中。你的身體正在享受早上的太陽和空氣；你的頭腦充滿了在你周遭升起的生命力；你的心因為興奮而悸動；鳥兒在唱歌，天空是如此多彩多姿……你只是走路。你會驚訝，有一個無法說「我」的觀照——不是你的自我，而是宇宙的本我。

你的身體和我的身體不同，你的頭腦和其他人的頭腦不同，你的心和其他人的心不同。但在意識中，我們是同一塊大陸——沒有人是孤島。宇宙意識一直存在著。如果你覺察到它，那會使你的生命是一個慶祝，或者你沒覺察到它，那你的生命會變成只是拖曳著，朝著死亡前進。

所以完全沒有衝突。記住，還會有很多經驗。如果你思考它們，你會遇到衝突。如果你去經驗它們，你就不會遇到衝突。

當你提問，試著去經驗它，不只是思考它。出於你的經驗來提問，那會是完全不同的。每件事都不是邏輯的，這是好的。所以才會有神秘。所以你周圍會存在著某些未知的。發現它是可能的，那個發現會是最大的狂喜。

我沒有在我的經驗中遇到任何衝突，但在思考中，我同意你說的，會有衝突。

但我要你不去思考，而是去活過它。

奧修，有一段很長的時間，我以為我想要拋棄自我，但我發現我只是想拋棄因為擁有自我而帶來的痛苦，但我仍然想保留因為擁有自我而有的愉悅、浪漫愛情和興奮。所以我想拋棄的唯一動機似乎是負面的，避開痛苦。我納悶是否有任何正面的動機可以超越自我？

這不只是你的問題，這幾乎是每個人的問題。非常值得去了解。

每個人都想拋棄因為自我而有的痛苦和悲慘。但因為自我，也有了愉悅、某種興奮，所以一個人不會想拋棄自我。即使想拋棄自我，人也會想保留愉悅的部分。

問題在於拋棄自我的動機是負面的——他想要拋棄痛苦和悲慘，負面的部分，他是在問是否有某個正面的動機可以幫助拋棄自我。

沒有正面的動機，因為自我會存在於這兩者中——負面或正面的動機。任何動機都能讓自我存在。

只有當你了解到所有動機都會滿足自我時，它才會消失。自我的方式是很微妙的。你可以發現：我會給你一些例子：

有個人在喜馬拉雅山上住了三十年。他放棄了世界和所有愉悅——三十年來沒經驗到自我。自然的，他認為自己的棄世可以殺掉自我。平地上將舉辦一個很大的聚會，有些人認識這個住在喜馬拉雅山上的桑雅士，他們問他：「有個偉大的人要你下山。會有無數人來到這兒，他們會因為你的出現而備受鼓勵。」

他想：「這不會有什麼問題，」他下了山。當他到達集會上，那兒聚集很多人，但沒人認識他。

某個人踩到他的腳，突然的，三十年的棄世修行都消失了！他抓住那個人準備殺了他：「你是瞎了還什麼？你看不見嗎？你踩到我的腳了！」

但他同時察覺到：「我的天，憤怒還存在，自我還存在，暴力還存在。三十年的修行在一刻間就沒了。這整個棄世得到了什麼？」

當然，他自己一個人時，沒有其他人——不會有衝突或競爭——他無法感受到自我。自我需要別人。自我需要你周圍的人。你周圍的人和世界會對於你對自身狀態的覺知有莫大的幫助。

獨自去山上是危險的，因為山上的寧靜，沒人會使你產生幻覺。你可以把山上的寧靜當成你的，因為沒有衝突和競爭，沒人傷害你或踩到你的腳，自然不會有憤怒、憎恨和自我——但它們都潛伏著。回到世界，它們都活了起來；它們沒死。

其他宗教一直在提供正面的動機去拋棄自我。負面動機是：痛苦的、令人頭痛的。而你不想要痛苦、頭痛，所以你準備拋棄自我。但問題是，同樣的自我也帶給你一些愉悅的片刻。當你贏了選舉或成為總統，在那一刻，同樣的自我帶給你很大的愉悅；你不想要拋棄那個愉悅。所以發問者問是否有正面的動機。

所有宗教都在提供正面的動機。例如，他們說在來世，另一世，如果你拋棄自我，你會得到無限的快樂。你會擁有美麗的女人，各種令人舒適和奢侈的東西，永遠隨手可得。不會有死亡；你會變成永恆的神。

這些是正面的動機，但這些不會摧毀你的自我。

有一個耆那教的阿闍梨圖爾西，召集了一個會議，要討論人類的當務之急。有五萬人在那兒，還有二十個來賓。我也被邀請了。

那時候莫拉吉德賽是印度的財政部長；他也被邀請了，還有十八個人——傑出的思想家、教授、醫生、諾貝爾獎得主。但當會議開始，困難來了。因為那是阿闍梨圖爾西主持的會議——他的教派，他的七百個桑雅士和五萬個信徒——自然的，他坐在最高的位子，其他人則坐在他下面，圍成一個圓。

莫拉吉德賽無法忍受。他坐在我旁邊。我甚至沒察覺這個狀況；我只是接受。那是他們的會議——我們只是客人，所以無論他們要我們坐哪，都沒問題。如果主人想坐在比客人高的位置，有什麼問題？

我甚至沒想到這點，但莫拉吉德賽無法接受。他說：「在會議進行前，我想提出兩個問題。第一：為什麼阿闍梨圖爾西坐在比較高的位子？第二：當我向他行合十禮，他沒有以同樣方式回應。他只是舉起一隻手表達祝福。但我不是他的信徒或弟子，我是他的客人。他邀請我來，但他侮辱了我。所以必須先討論這個。阿闍梨圖爾西必須回答。」

可憐的阿闍梨陷入困難。你可以看出一個簡單的方法就能解決——他可以下來和我們坐在一起。但他做不到。他是教派的領導，他放棄了一切——所有的痛苦、愉悅、全世界——但他卻無法下來和別人坐一起。

不需要回答。他可以合十——然後事情就結束了。但他也做不到，因為耆那教的僧侶只能祝福場地的所有權人，他不能用同樣方式祝福別人。他是更高地位的，他是神聖的；你是低於他的。他可以祝福你，但他無法就你的存在向你表達敬意。

他沒講話，尷尬的，我想這個會議可能會在混亂中結束。於是我問阿闍梨圖爾西：「如果你允許，如果莫拉吉德賽也允許——因為他是問你，不是問我，所以我詢問你們兩位，如果你們同意，我可以回答。」

他很願意。他說：「好。」

莫拉吉沒有很願意，他不情願的說：「好。我要答案。無論誰回答都可以。」

我說：「莫拉吉，有十九個人坐在這兒——沒人質問，為什麼只有你質問？那一定傷到你的自我。阿闍梨圖爾西有一定程度的自我，否則他就下來了——那是不用懷疑的——但因為你提出問題，你也在同一條船上。為什麼別人沒問題，唯獨你有？」

「你行了合十禮，一個表達敬意的手勢。沒人要求你這麼做——你似乎有一個條件，如果你這麼做，別人也得這麼做。那不是很尊敬別人。你做你想做的，他做他想做的。我看不出有任何問題。你應該在做之前把這當成條件：「我會向你合十，除非你也用同樣方式回應我。」你沒這麼要求；那不是合約。你只要做你想做的。他沒有造成任何傷害，他已經祝福你了。」

「他和你都是自我主義者。我們不能因為兩個自我主義者而影響整個會議。你們可以離開，會議繼續進行。」

從那天起，莫拉吉德賽就一直對我感到憤怒。

一個正面的動機可以是靈性上的承諾，但那不會摧毀自我。也許反而使它更微妙，更難以捉摸。如果謙虛對於進入天堂是必需的，自我可以做到，但內心裡，它會繼續說：「沒人比我更謙虛。我是世界上最謙虛的人。」

所以沒有任何正面的方式可以和負面的部分對抗。兩者都會增長自我。兩者都會以同樣的方式餵養自我。

我的建議是：不需要任何動機，需要的是了解。你必須了解自我確實會帶給你幾個片刻的愉悅，但它會帶給你更多痛苦的夜晚。你必須拿捏：如果這個愉悅對你是很有價值的，那你就選了隨之來到的痛苦，你就不要想拋棄痛苦。

它們是同一枚硬幣的兩面。你無法拋棄某一面。無論你怎麼做，硬幣都會是兩面的。但如果你了解到那些愉悅的片刻是非常短暫的、膚淺的，而痛苦的夜晚是如此黑暗、深厚、漫長：那些愉悅的片刻並不值得。它們只是使你徘徊在自我周圍；它們是自我的賄賂，使你吞下苦惱和所有悲痛的毒。

自我持續承諾你會有更多的愉悅，但那些愉悅如此短暫。它來了又走，不會和你在一起——而且代價是如此高。

一旦你了解到後果這麼嚴重，只是為了這麼短暫的片刻——並不值得——這個了解會幫你拋棄一切：愉悅、苦惱、自我，全部。當你全拋棄了，然後你初次發現到有一個勝過愉悅的喜樂、比愉悅更深厚的喜樂。

有一種喜樂是來了就不會走掉的——和你一直在一起，像你的心跳和呼吸。

所以不需要正面的動機，需要的是一個清楚的了解，所有的動機都是自我主義的——無論正面或負面——都會為你創造出地獄。它們已經為全世界創造出地獄。

只需要簡單清楚的了解到愉悅有多少，痛苦又有多少，愉悅有多深厚，痛苦又有多深厚。只需要做點算術，你就會拋棄自我和相關的一切，並向它道別。

當你沒有自我，你會初次經驗到真正的喜悅、喜樂、狂喜。它只能透過了解。而那由你決定。

每個人都有足夠的智慧可以衡量他的愉悅和痛苦。

第十三章
幾乎做好偷走真理的準備

奧修，當我們坐在你身邊，而你在對我們說話時，奧義書正在發生嗎？

奧義書這個字是非常有意義的。它的意思是坐在師父的旁邊，無論他是否有說話。奧義書可以在寧靜中發生。它可以透過文字或動作而發生，只是看著對方的眼睛。它是一種心和心的接觸：兩個個體的會合，融入彼此，一個深深的愛和信任的經驗。

它正在這兒發生！我可以看到你們的喜悅和寧靜。我可以感受到你們的愛和信任。我也可以感受到你們也有同樣的感受。某件只能被經驗但不能被解釋的事情正在發生。任何解釋都不會是貼切的。那個經驗是如此豐富以致於文字是非常貧乏的。當你把經驗用文字表達出來，許多的美、壯麗和偉大就失去了。只有很小的一部份，一小段留了下來；而那部分也不再是有生命的。

在這整個有機體中，我的雙眼和雙手是充滿生氣的。如果你拿走任何部分，它會立刻死去，它自己沒有任何生命。當你開始解釋某個超越文字的，同樣的情況也會發生。只有一小部分被文字捕捉到，但那會是死掉的。不再是同一個東西。不再是有生氣的，不再呼吸了。

真正的奧義書只會在寧靜中發生。說話只是創造出讓它發生的基礎。說話本身不是奧義書。它只是在準備一個愛的氛圍，以便那個超越文字的，可以降臨。它只是幫助打開你的心，使它是有接受性的、歡迎的。因為當能量敲著你的門，門不該是關閉的。

這是心靈生活中其中一個最基本的，即使是師父的能量也不能敲你的門——那會是暴力的、冒犯的。心靈的工作是需要小心處理的。你必須使門保持敞開，等待客人來到。它隨時都可能出現。它就在角落。你的敞開足以像磁鐵一樣的把它拉進你的核心。那就是「奧義書」的意思：師父變成弟子心裡面的客人。

師父準備要成為客人，但弟子要夠勇敢去當個陌生人、局外人，某個對自己的存在是非常神祕的人。如果有一點恐懼，那它就不會發生。那個恐懼會使你封閉。它是無懼的、勇敢的、有膽量的。用一句話來說，它是信任和愛。

這是其中一句最古老的諺語：「當弟子準備好了，師父就會出現。」弟子不需要尋找師父，因為師父一直在尋找弟子。

在佛陀的生平中有一個非常美麗的小故事：

他到了某個村莊——全村的人都來聽他講道——但他沒講話。人們開始焦躁不安：「怎麼回事？村裡重要的人都來了。他在等誰？」

最後，村長問佛陀：「全村的人都在這兒——你為什麼不講話？」

佛陀的回答是值得記住的。他說：「是的，我看到了。幾乎每個人都來了，但有一個我要對她說話的女孩不在這兒。我在路上遇到她。她去送食物給父親，她對我說：「我會來，請等我來再開始。」我必須等待；你們不用。如果你們無法等，你們可以回家，但我是為了她來，因為我知道她已經準備要聽了、準備要喝了，準備要吃掉每個字，吸收它——讓它變成她的骨頭、血液和心。如果你們無法等，那不會是對我的不敬。你們可以離開。」

人們無法相信。但那女孩趕來了，佛陀說：「我現在可以說話了。她來了。我為了這個女孩從另一個村莊來這兒。你們什麼都不用付出就能得到這樣的利益。她已經為你們付出了，因為她的愛和信任是如此全然以致於當我經過，不可能不停留在這個村莊。如果我到了這卻不停留會讓我感到受傷。我希望有一天我會為你們而來…但你們必須學習愛和信任。」

真理不是某個可以教給你的、告訴你的。它無法被教導，但可以被捕捉到。我無法把它給你，但你可以拿走它。如果你準備好了，如果你是敞開的、有意願的、歡迎的，那個無法說出來的將能被你聽見。

它不在文字中，而是在文字間。

它不在句子中，而是在句子間。

奧義書發生在寧靜的間隔中。所以那由你決定。如果你準備好了，它會為你而發生；如果你還沒準備好，那它無法強加於你。真理無法被強迫得到。

葛吉夫，本世紀其中一個最偉大的師父，常說出令人們感覺很奇怪的話：「弟子必須幾乎做好偷走真理的準備。」他是對的！

師父已經準備要把它給你，但你還沒準備要拿走。葛吉夫說如果需要的話，你甚至得做好偷走它的準備。師父不能擅自進入你，但你可以擅自進入師父，因為師父沒什麼可以失去的。

真理不是某個你拿走就會使師父失去的東西。

真理給出越多，他就擁有越多。

真理散播得越多、分享得越多，他核心存在的真理就會變得更多。它是取之不竭的。一個師父可以使全世界成道；只是人們還沒準備好。

有個朋友問他要如何成為一個求道者。我可以告訴你水在哪兒、井在哪兒，但我無法創造出口渴。那必須來自於你。而你問我要如何口渴？我可以讓真理隨手可得，但你必須是口渴的。

如果你是口渴的，你就會知道你是口渴的。如果你不口渴，你會知道你不是口渴的。沒有辦法強迫你口渴。

我沒有回答那個問題，因為那個發問者是真誠的，他想要成為求道者。但如果你甚至沒意識到你的生命是個苦難、你的存在是無意義的、像機器人一樣整天做著相同的工作、知道自己有一天會死掉…這一切都是完全不重要的。你沒有任何滿足感。你無法說：「我滿足了。」你無法說：「我已經達成我的存在注定要達成的，我已經發揮我的潛力，我不再需要任何東西了。」如果你可以這麼說，那就不需要成為求道者，你已經找到了。

如果你處於苦難中、痛苦中、憂慮中、煩惱中，如果你的一生只是跟隨某人的無意義故事，沒有任何含義，那你還需要問我要如何成為求道者嗎？你的房子起火了——你看不到火焰嗎？你沒感受到炎熱嗎？當你的房子起火了，你會問人：「要從哪兒離開嗎？」你會研究經典找尋答案嗎？你會問占星師從哪個方向離開才是對的嗎？不，你不會做任何事。你甚至不在乎自己有沒有穿衣服。如果你在浴室洗澡，房子起火了，你會光著身子跑出來，你甚至會跳窗而出。你不會考慮：「這不是門，這是窗戶，這不是進出的地方。」

當房子起火了，如果你跑出來，那每件事都是對的，如果你還留在裡面，那每件事都是錯的。只要看看你的一生，那就會使你成為求道者。我無法使你成為求道者。

如果你看不出自己的房子起火了，那沒人可以使你看出來。只要看看四周：你的生命已經過了一半，你達成了什麼？你到達哪兒了？你的手和心仍是空的嗎？如果這還無法使你成為求道者，那什麼可以使你成為求道者？

發問者是真誠的，但他沒意識到自己的一生。他比較關心真理——比較關心水在哪兒，比較不在意口渴。

你要成為口渴的。水就會隨手可得。世界上從未發生過有人渴求真理卻找不到的。那不是事物的本質。而生命就足以使你感到口渴。生命確實是一個會創造口渴、尋找、使你成為求道者和冒險者的學校，發問者確實想抵達某個地方，但他比較在意遙遠的目的地。他的雙眼在尋找某個可以使他成為求道者的東西。事情不是這樣進行。你應該看清楚自己的苦難和煩惱。了解到生命是短暫的——你每個片刻都在死去。死亡不是突然來到。當你出生的那天，你就開始死亡了。花了七十年才完成整個過程——那是另一件事——但我們每個片刻都在死去。

但人甚至透過慶祝生日來試著欺騙自己。每次生日都表示你失去了一年的生命。現在下一年的生命也將會失去——這是開始。另一年很快就會死去。你每天撕掉日曆，表示你拿掉了一些生命。你的死亡越來越巨大，你的生命越來越短暫。

人們以為當他們是小孩時還是幼小的。那是錯誤的態度。當他們變老了，他們才是幼小的，因為現在生命變得很短暫。小孩還有很長的生命。只要看看生命的真相，它會創造出口渴和尋找。

但發問者一定非常在意，因為他要給我在加德滿都四英畝的土地。那已經超過我需要的——但他不知道我不是單獨的。我有一個世界大的隊伍。

美國政府非常嫉妒和敵視我在美國的社區。我們有六萬四千英畝的地——一百二十六平方英哩。那是必須的，因為有五千個桑雅士和我待在一起，每年還有五萬個桑雅士往返。節日時會有二萬個桑雅士。我要他們有足夠的空間——湖泊、森林——新鮮的空氣、游泳…不是變成一個擁擠的城市。否則一次五萬個人會互相踐踏。

不，即使十萬個人在那兒也會是完全寧靜的。沒有任何擁擠的狀況。構想是要讓每個人有足夠的空間以致於他可以感到放鬆和自在。

也許你不知道每當你感到擁擠，你裡面的某個東西就被從四面八方壓擠、壓垮；那會造成緊張。每當你去海邊或山上，你突然感到寬敞，彷彿你不再被從四面八方擠壓，無論想要多少空間，你都可以擁有。

所以我感謝你想要捐贈四英畝的地給我，但我要你知道我已經三十年沒拿任何禮物了，我沒有任何東西。如果你想要給我土地，我不能拿。但你可以捐給加德滿都的靜心中心。他們可以在那兒為我弄個地方，但你會造成他們的麻煩，因為那時他們就得再找到數百畝的土地，我在的地方會有無數人來到。現在他們不用。我告訴他們不要來，因為我要進行一個世界之旅。所以你們不用都來到一個地方，我可以在每個地方和你們相遇⋯如果政府、國家和教皇允許的話！因為連我沒去過的國家也立法不讓我入境。

有些我想要去的國家，我聽說他們收到教皇的指示，不能讓我入境，因為他們都是天主教國家。這個世界還不是有人性的，還不是文明的。它是完全沒有文化的。

因為美國的社區變成一個如此棒的靜心中心——人們從世界各地到那兒學習靜心——美國政府變得很嫉妒。美國其他地方沒這麼多人從世界各地來訪。連白宮都變得很平凡！

所以他們自然會嫉妒、變得很害怕，試著透過各種違法的方式摧毀它。他們摧毀了社區，但他們無法摧毀靜心的靈魂，他們無法摧毀求道者和任何來到那兒的人。他們可以在別的地方靜心。那無所謂。美國政府只是在傷害自己。

因為那會增加美國的聲望。否則誰會去美國探尋靈性？你有聽說任何人去美國探尋靈性嗎？那會增加他們的聲望，如果他們稍微有點智慧就能知道。我在那兒創造了一個人們會從世界各地來訪、學習、變成更真實的地方，我們買了那一大塊地只是為了一個原因，沒人會打擾。

離我們最近的村鎮有二十哩遠。我們是一個島嶼。沒人被我們打擾。但美國政府仍然感到不安。只因為人們去那兒：那兒變成一個世界首都。比華盛頓還重要。華盛頓擁有所有的權力和金錢——他們無法容忍在美國還有其他地方是人們會一再來訪的。人們不會在美國到處旅行，因為他們不是為了美國而來。他們不是為了看看城市和美國的富有。他們只是為了社區——在那兒停留三個月，然後直接回家。

他們醜陋的摧毀了社區。世界各地的桑雅士在那兒投資了三億美金。他們已經觸怒了無數的桑雅士。

所以那四英畝土地已經超過我需要的，但靜心中心會陷入困難。它必須再找到地方讓人們可以來訪——我無法永遠擋著他們。我只是在拖延，一周又一周。世界各地的人們都想要來，但我們沒有空間和場地。

在美國的社區，我們有一個可以容納三萬人的會議廳。現在如果那三萬人在加德滿都，我們要如何讓他們坐在一起？

但你先開始，其他人會跟隨。某個人說他有一顆價值一千萬盧比的鑽石，問我是否有興趣。他也補充說明任何介紹買家的人都可得到優渥的佣金。我對鑽石沒興趣，我甚至對科伊諾鑽石沒興趣。我要它做什麼？我沒有可以裝東西的口袋。但我會建議他捐給靜心中心：那樣他也可以得到佣金！

奧修，你在各方面都讓我們覺得遙不可及，要如何才能接近你？

那不是我離你們多遠的問題。你需要的是打開你的心。思考會創造距離。感覺會摧毀距離。

兩個愛人——也許相隔數千哩遠，但卻不存在任何距離。而坐在你旁邊的人——如果你對她沒有任何愛，即使坐在你旁邊，幾乎碰到你的身體，但卻存在數千哩遠的距離。

接近不是一個物質的現象，它是屬於心靈的。時間或空間都無法造成任何距離。你的問題是重要的，所有人都要記住，你越愛我，你就越接近我。當我說愛，我不是說愛我，我的意思是只是愛——任何你周圍的人。人、動物、鳥、樹——只要愛，你就會接近我！

我聽說有一個老尼姑……

她有一尊很美的黃金佛像。她曾經外出雲遊並在很多寺廟住過，那些寺廟有很多大佛像。她的是一尊可攜帶的小佛像，因為她長年在外旅遊。但那是純金的，非常美的藝術品。一尊很美的雕像。

她每天早上都會向佛像祈禱，但有個問題。她會點香，無法對香說：「煙只圍繞著我的佛像。」煙會往四面八方散開，它會飄到其他佛像那兒。有大鼻子的大佛像⋯小佛像有時候會錯過所有煙⋯

不，老尼姑會很失望，這是不對的，必須想點辦法。最後，她想到某個方法。她弄了一根空心竹子。這樣她就可以點香，把竹子一端靠著佛像的鼻子，另一端則靠近香。但這樣就有另一個問題：小佛像的鼻子變成黑的！煙碰到了，但它燻黑了佛像。

她去找廟裡的住持問：「要怎麼做？我很笨。我這樣做只是為了照顧我的佛像，因為我向它祈禱，而煙飄到其他佛像那兒。我不是向它們祈禱。」

住持說：「向佛陀祈禱卻還有占有慾，甚至不讓其他雕像碰到煙⋯事實上，即使煙碰到了人、動物、樹，妳也該高興。它碰觸到生命！除非妳可以在每個地方看到佛陀，不只是這個雕像，妳仍完全不了解。妳的誤解摧毀了妳的佛像。」

所以當我說愛和信任，我不是說只愛我、只信任我。那就是宗教出錯的地方。對一切萬物充滿愛和信任，沒有任何區別。你的愛和信任不能是和我之間的關係，那必須是你的狀態，你是充滿愛和信任的；無論發生任何事，你的愛和信任都保持不變⋯即使你被騙。

在法院有件案子讓法官很驚訝，有個人一直被騙⋯幾乎每兩周就會出現關於這個人被騙的案子。法官問他：「怎麼回事？為什麼每個人都在騙你？」

那個人說：「那很簡單：我信任人們。如果我不信任，他們要如何欺騙？那不是他們的錯。那是我的生活方式：我信任。自然的，我變得很容易被騙。如果有誰要為此受罰，你可以懲罰我。不要懲罰他們。無論任何事發生，我會保持信任。無論我是否被騙，那不重要。重要的是我的信任仍然不會動搖。無論我的愛是否有回報，無論是否有人用愛來回應我都不重要。重要的是我的愛不受影響。」

在這個世界上，如果你愛和信任，人們確實更會欺騙你。但那是值得的。他們能騙到什麼？他們能拿走什麼？死亡最終會拿走一切。所以如果他們要在死亡之前拿走你的一些負擔，那就讓他們拿！死亡最終會從你這兒或他們那兒拿走。最終而言，沒什麼差別。

但如果你可以保持信任和愛，儘管一切有違你的愛和信任，那仍會使你非常喜悅的存在以致於你會發現自己更接近我。在你的慶祝中，你也會發現我更接近你了。唱歌、跳舞、吹笛子或彈奏坦布拉琴，你會發現我在你身邊聆聽著。

問題不在於肉體上的親近。所需要的是無法動搖的愛和信任的特質。

有一個日本僧侶是著名的聖人⋯⋯

他常從人們那兒偷小東西——非常小的東西——然後他會被關到牢裡。每個人都很驚訝。他有信徒，富有的信徒。連國王也常來聽他講道。他們不斷告訴他：「無論你需要什麼，只要告訴我們，不要偷竊。那看起來不對。我們都很尷尬，這個我們愛和尊敬的人被監禁了——至少一年有兩到三次。」

但他從未聽從。

當他快死了，他們問他：「現在可以告訴我們，因為無論你偷了什麼都無法使用——一隻鞋：現在你要拿它做什麼？你甚至不偷一雙鞋，而且那不是你的尺寸……」而且他會用偷竊後就立刻被抓到的方式——彷彿整件事是為了被送進監牢。

他們想要知道原因。他說：「沒什麼——只是小事。牢裡面有很多犯人，沒人在意他們。外面有很多聖人和師父。你可以跟他們學習，任何地方都能找到他們，但牢裡面這些可憐的人只能依靠我。我只是透過坐牢就改變了數千人的生命。而且我發現那些罪犯是非常充滿愛和信任的人，非常單純的人。」

「教他們靜心會比教外面的人靜心還容易。外面的人似乎更狡猾、更精明、充滿更多垃圾般的思想。」

這也是我的領悟。

印度有一個省長是我的朋友，所以他同意讓我拜訪他管轄的所有監獄，無論何時。所以當我拜訪那些監獄，我發現那些人隨時準備好要改變、信任和愛。我對其中的原因感到驚訝。在我探訪調查後，我發現小偷不會互相欺騙。罪犯不會犯下不利罪犯的罪行，他們有某種程度的誠信。

他們也許是小偷，但如果他們是夥伴，他們不會像商人一樣彼此欺騙——因為有一個夥伴是危險的。在現實生活中，雙方會試著欺騙彼此。小偷之間也有合作夥伴，但歷史上沒聽說有小偷會互相欺騙。

信任的特質遠比他們犯的小罪更重要。我只是試著教他們把信任的特質散播到其他人身上。

你知道愛，但你的愛只限制在很小的範圍。如果你想要這些特質，你必須讓它們是沒有限制範圍的。你不能只有一點點愛、誠實、信任。你只能擁有完整的信任和愛，或者完全沒有。它是無法分割的。

所以我教導非常單純的事：充滿愛的、信任的。對別人有同理心。自己則越來越寧靜、覺知、越來越有意識。

無論你做什麼，有意識的做。不要像機器一樣的重複做，不要依據習慣來做。

佛陀走在路上，阿難跟著他……

有隻蒼蠅飛到他額頭上。自然的——如同你們會做的——他揮了手。他一邊揮手一邊對阿難說話，然後蒼蠅飛走了。然後他突然停下來，閉上眼睛再次揮手，但動作很慢。然而現在沒有蒼蠅！

阿難問：「你在做什麼？並沒有蒼蠅。」

佛陀說：「上一次牠還在，我無意識的揮了手，同時對你說話，所以我所有的意識都在，而手則是機械般的移動。它甚至可以在睡夢中移動。」

當你睡著了，如果螞蟻在你的腳上爬，你的腳會把牠弄掉，而你仍熟睡著。身體可以做到這樣，不用叫醒你。

所以佛陀說：「我那樣做是不對的，現在做的才是對的，只是為了提醒自己不讓這樣的事再發生。我的手應該有意識的移動，有覺知的。我應該停止對你說話。我的注意力應該放在要讓蒼蠅離開額頭的手。」

所以對別人而言，需要這三種特質，愛、信任和同理心。對你而言，則需要寧靜、覺知和意識這三種特質。

如果可以做到，你會發現我在你身邊，非常接近，從沒有人這麼接近你過。這些接近會是個達成。我也許人在數哩外——那不重要。我也許不在身體裡面——那也不重要，因為現在你有一把可以在心靈上保持親近的鑰匙。

奧修，我看過一篇印度藝術家新護的翻譯作品，他說經驗到「味」就如同經驗到梵。如果我的理解正確，他的意思是對藝術的感受和對神的感受是同一個層次的。有時候，特別是藝術和音樂，我會有種自發性的喜悅。這個感受和無我是一樣的嗎？

偉大的哲學家，新護，對「味」的了解完全正確。英語沒有任何字可以用來翻譯成梵語的「味」這個字。西方藝術還沒有形成這樣的概念。唯一可以給你一些暗示的字是「juice」。

字面上而言，味的意思是汁液。

有時候對藝術的感受就像淹沒在汁液裡面：你有某種自發性喜悅的感受、無時間感、你的思想停止了。它可以發生在看到一幅畫或一個美麗的雕像、聽音樂、看一個偉大的舞者跳舞，或自己跳舞。這些都是藝術性的活動。你會淹沒在某些不屬於這個世界的汁液中。

它會自行發生；你無法控制它發生。如果你努力要讓它發生，那它就不可能發生；它只會自行發生。

所以無論它是否發生，你都無法做什麼。它有賴於某種你和音樂之間的同步性。也許某個片刻來到，聽著音樂使你的思想停止。那個傾聽變得如此強烈以致於你忘掉自己的自我，你忘記去思考音樂，你幾乎消失了——只剩下傾聽，不是傾聽者——然後它就出現了。

偉大的畫家梵谷被問過：「你的畫都沒人買嗎？」他活著時從未賣掉一幅畫，因為他幾乎領先他的年代一百年之久。他是個天才。花了一百年才讓人們了解他的畫。現在他變成其中一個最偉大的畫家，但當他活著時，過著挨餓的生活，把畫送給別人——現在一幅要數百萬元——只為了一杯茶！

某個人問他：「你沒有賣掉畫，你的弟弟給你足夠生活的錢，但你一周只吃四天，禁食三天，為了有錢買顏料、畫布、畫筆等材料」——也許沒人用自己的血作畫，但他這麼做了——「你能因此得到什麼喜悅？」

梵谷說：「你不了解。當我在畫畫，我不存在。畫家消失了。只剩下畫畫進行著，那個喜悅是無窮的。」

新護是一個偉大的思想家，特別在藝術和美學方面，但他不是成道者。所以當他說對於味的感受、對於藝術和美的感受就和對最終實相的感受一樣時，那就超過他能力所及了。我無法同意他。

我知道兩者。他只知道其中一者。他說的話是非常重要的，但他對成道、最終實相、自我達成的經驗都一無所知。兩者在數量上甚至沒有差異，否則我不會反對他說的。我非常尊敬新護；如果只是量的差別，我不會反對。

例如，房間裡有根蠟燭燃燒著——這是味的感受；房間裡有一萬根蠟燭燃燒著——這是成道的感受。如果差別只是屬於量的，我會同意他說的，但差別是屬於質的。它們不可能是同義的。否則所有藝術家都會成道。所有畫家、音樂家、歌手、舞者、雕刻家都會成佛，但那沒發生，諸佛也沒有成為畫家、舞者或音樂家。那個感受是質的不同。

對美的感受是非常短暫的。它不會改變你；它對你沒有任何根本的影響。你仍然是同一個人。感受前和感受後，你都是同一個人。

成道的經驗則是質的不同，因為那是根本的轉變。成道前和成道後，你不再是同一個人。幾乎是死亡和新生。在成道前你是某個人，成道後你是完全不同的。改變是如此巨大，和你的過去完全不連續。

有一天，佛陀在和一個國王談話，勝軍王⋯⋯

當他講話時，一個老比丘觸碰了他的腳。他要求佛陀原諒他打斷他們的談話，但他必須離開了——根據佛陀的指示，這是他該離開的時間了——他不能沒有觸碰他的腳就離開。

佛陀問他：「你幾歲？」

這是個奇怪的問題，特別對於勝軍王：「這有什麼關聯？只需要祝福他，讓他離開。你問他幾歲？你看到他了——他很老，一定有七十或七十五歲了。」

比丘說：「我只有四歲。」

這更令人震驚。勝軍王無法克制自己。他說：「等等，發生什麼事了？首先我很驚訝你問他幾歲，現在我真的感到震撼。我無法相信這個人說他只有四歲。他至少有七十五歲了，也許更多。」

佛陀和老比丘都笑了，佛陀告訴勝軍王：「你不知道我們怎麼計算年齡的。我們在成道後才計算年齡。他在四年前成道的。現在會是七十五歲的他，在四年前就死了；這是一個全新的人。身體是舊的，但意識是新的。」

新護沒有成道的經驗。他對藝術感受的談論是對的，但他不該談論任何和生命的最終轉變有關的。那是在犯罪。

我尊敬他對於藝術的偉大洞見，但我無法原諒他提出的錯誤想法。那兩個經驗是完全不同的。

如果你問我，我會說藝術的經驗，味，接近性高潮的經驗，而不是成道的靈性經驗。它們是類似的，但不是完全相同的。在性高潮中，時間停止了。有一個片刻，兩個人不再是兩個人；一種巨大的合而為一，一個自發性喜悅的氾濫。這是一個間接證明。

所有偉大的藝術家都是偉大的愛人，不是偉大的聖人。所有偉大的音樂家、舞者、詩人——都是偉大的愛人，因為對愛的經驗非常接近他們對藝術創造的經驗。雖然這個經驗是質的不同，但如果這個經驗到藝術美的人沒有停下來：如果他開始尋求讓這個經驗不只是短暫的、飛逝的片刻，一陣進來又離開的微風：「我要如何讓這個變成我存在的一部份，這樣我就不用依賴音樂、跳舞、美麗的日出、美麗的畫；不用依賴外在的任何東西，可以完全獨立的？」那是質的不同。

對美學的感受有賴於某個在你之外的東西。那就是為什麼我說它更像性經驗，因為性也依賴外在的某個人。但靈性經驗是獨立的，不是短暫的。不是突然發生後就停止的。你必須準備好。那個準備就是靜心。你必須使你的存在做好準備。當你是敞開的、脆弱的、完全準備好的——你無法說它的發生是短暫的，因為在它發生前，你必須滿足某些條件。

你必須是寧靜的——不是藉由經驗，而是在經驗之前。你必須處於沒有思想的狀態——不是藉由經驗，而是在經驗之前。你必須拋棄自我——不是在經驗中，而是在經驗之前。你必須完全準備好。當你準備好，它就發生了。它不是短暫的；那是你掙得的、你應得的；那是你的達成。

因為你掙得了，它就不會離開。它已經變成你的一部份；那是你的成長。美學的感受只是像做夢，非常表面的。這是根本的改變。你成長了。現在靜心不是某件你在做的事。現在靜心是你的狀態。即使你想離開也找不到出口。

人們進入愛，離開愛。但沒有人離開成道過。不可能。

所以提醒你們：一旦成道了，不要說：「我想要退回來。」不可能。一旦你成道，你就永遠成道了。

奧修，你的回答非常有說服力、清晰明瞭、有幫助。我想你的出現對尼泊爾是很大的祝福。我在你裡面發現到愛、信任和慈悲這三個特質。你愛我們的國家，尼泊爾，你信任我們，你也對我們充滿慈悲。非常感謝你做的一切。

我有另一個問題：有什麼方式可以拯救沉沒的人類世界嗎？

有一個方法。總是有方法的，但世界似乎決定不想被拯救。好幾世紀來，人越來越朝著黑暗前進，而不是光明。現在在整個人類歷史中，我們首次非常接近全球性的死亡。

我不是悲觀主義者。也不是樂觀主義者。我是現實主義者。

現在的情況是自取滅亡，非常危險。我們坐在核武上面。它們隨時會引爆而摧毀地球上的所有生命。但在這個黑暗中，在非常接近全球性滅亡的這一刻，也存在著一道光芒。那道光芒就是如果我們使人類警覺到政府隱瞞的危機、政客不讓人們知道的危機：如果我們可以使每個人覺察到政客領導世界所造成的危險，然後一切就能讓人們決定。因為這是極大的危機，非常巨大，有可能對人類的頭腦造成根本的改變，因為每當出現很大的危險，也會有一個很大的挑戰。這是人有史以來最大的挑戰和危機。

我們有很多核武，可以摧毀地球七次。但我們仍然過著好像沒任何問題的生活，一切照常進行著。政客則持續累積越來越多的核彈。唯一阻止他們的方式就是創造出世界性的公眾輿論，聲明我們不要戰爭，沒有任何理由可以說摧毀所有生命是對的。

共產主義、資本主義或任何主義都不行──沒有理由可以說摧毀全人類是對的，因為那還有什麼意義？如果所有生命都死亡了，沒有人是勝利的或失敗的。第三次世界大戰會是最愚蠢的戰爭，因為戰爭的發起是為了勝利：某人勝利，某人失敗。這可以理解。但在第三次世界大戰中，沒有人會勝利或失敗──所有生命都死亡了。現在只有笨蛋會準備這麼做。

這麼多的能量可以被轉向，朝著創造性的一端前進，可以摧毀所有的貧窮、疾病、老年，可以使人們有更長的壽命、更健康的生命：同樣使所有生命死亡的能量可以用來變成每個人生命的解脫。能量是如此豐富，隨手可得，能量一直是中立的：你可以用它來摧毀或創造。

所需要的是所有有智慧的人、有理解力的人、熱愛生命的人應該創造出一個世界性的輿論：「我們不允許戰爭發生。」

另一方面，這是集體的努力，拯救人類不被摧毀，但這樣還不夠，因為這種人性已經存在好幾世紀了。如果人們持續保持不變，那我認為拯救他們沒有太大意義。讓他們結束！這只是方法的一半。

第二件事是更重要的，我們應該開始散播靜心的科學方法，不要有任何宗教儀式或和宗教相關的東西。不要使它變成和宗教相關的，我們應該從科學的角度來談論，然後無神論者也會參與靜心。如果沒有相不相信神、天堂和地獄等問題，那麼無神論者和有神論者、印度教徒或佛教徒、基督教徒或回教徒、猶太教徒或者那教徒，就都沒有差別。只是一個向內走、實現自己的簡單過程，

所以這兩件事必須同時發生。第一，反對戰爭的世界性輿論，第二，一個靜心的推動，以便每個人都能變成更整合的、強烈的、充滿愛的、沒有暴力和憤怒的。然後他就不會支持戰爭，他會反對戰爭。然後也許每個人都會透過世界性輿論覺察到戰爭將會發生。

所以那不只是拯救世界的問題。你得到幾年的時間，你必須在他們摧毀人類和這個星球上的所有生命之前達成自己。

這會是同時避免毀滅和人類沉沒的方法，因為戰爭已經失去意義了。它不再有任何意義。其次，這種不值得挽救的人性，我們必須改變人類。我們挽救人類只是為了改變他們。

所以雙管齊下，每個關心這個美麗星球、這個巨大宇宙的人：這只是個小星球，充滿了生命。不只充滿了生命，還充滿了意識。不只充滿了意識，而且是充滿了數十億個行星和數百萬個星球的宇宙中唯一的行星——這個地球——曾經達成了成道的最終經驗。我們不該讓

這個地球被摧毀。

這是全宇宙的榮耀和精華。如果這個地球死了，全宇宙也會跟著死了——不再有可能產生任何生命、意識或另一個佛陀。

第十四章
靜心中的最後一句話

奧修，我了解理想和現實的差距只能由自己填補。另一方面，我得到你很大的幫助。我無法了解這個矛盾。

沒有任何矛盾。我一直對你說你必須自己去走，我不能代替你去走。那不表示我不能幫助你。那不表示我不能為你指出那條路。那不表示我不能使你察覺到路上的危險。

師父身為一個朋友可以有莫大的幫助，但師父不能成為主人。他不該佔有弟子、把他當成奴隸，他不該要求任何臣服。必須是對整個存在臣服，不是對任何人。

你必須放下自我，不是把自我交給某個人，你只是拋棄它。

如果某人要求你向他臣服，應該聽從他，那他是把你當成心靈上的奴隸。他不會幫助你，他是在摧毀你。地球上已經有無數人被這種方式摧毀。他們變成傳統、經典、雕像、廟宇、儀式的奴隸，但他們的存在沒有任何轉變，沒有使他們達到真理。

你已經當了多少世的印度教徒、佛教徒、耆那教徒、基督教徒、猶太教徒⋯⋯結果呢？你還要等多久？如果這一世沒有發生，也許以後就不會發生了。你已經等夠久了。是時候做點事了。

因此我強調你不該依戀我、服從我或臣服我。你不對我有任何承諾，你只是把我當朋友和嚮導。而且你有自由決定是否要接受指引。如果你不接受，那不是罪。如果你不接受，那一定是我的錯，我沒有把它正確的呈現給你。我應該用不同的方式和角度呈現，以便你可以了解。

幫助是完全需要的，幫助是可能的。

但你被告知你只須相信某人，然後你就會被拯救——你什麼都不用做。只要相信耶穌，在最後的審判日，他會從人群中選擇你：「這是我的跟隨者。」那些他選擇的人會進入神的王國，那些他沒選擇的人會墜落到永恆的黑暗地獄中。

現在這是在剝削天真單純的人。沒人可以成為你的救世主。不論是耶穌、克理虛納、馬哈維亞或佛陀⋯⋯沒人可以。如果你不接受這些人是你的救世主，而只是你的嚮導，你將會處於一個完全不同的狀態。你就不會處於這麼大的痛苦、悲慘和煩惱中。你會是喜樂的。你的生命會是它自己的光。

沒有任何矛盾。你可以接受幫助，幫助的美在於，那不是束縛。你可以接受我的幫助或任何人的幫助。沒有任何承諾的問題。

你可以接受所有的幫助。何必執著一個人？你應該接受周遭智者的幫助和任何照耀著你的光。你應該準備好，有接受性的。無論那來自佛教徒、回教徒、猶太教徒或印度教徒都無所謂：無論那道光來自哪兒都無所謂。如果它引領你走向真理，使你更自由、獨立、整合、更像是個體、堅固的、像石頭一樣：那你絕對有自由接受可能的幫助。

一個真正的朋友不會把你變成奴隸。他不能對你說：「你只能接受我的幫助。」如果他真的是朋友，他會說：「你必須學著從任何地方得到智慧和忠告。」

幫助是絕對需要的。但幫助是一回事，成為你的救世主則是完全不同的。

你經驗的一切並無任何衝突。它們是完全一致的。只要記住我不要在任何方面成為你的束縛。我要你記住我只是個給予自由的人，不是奴役你的人。然後無論你覺得哪個地方可以解你的渴、使你的心開始跳動、感覺你在移動、朝著更美麗的空間移動，那就去吧，不用猶豫。

你可以有很多朋友，不能有很多師父。那就是差別。師父是壟斷的。他要你完全被他掌握，然後他才能承諾他會使你解脫。但解脫總是在死後發生，所以沒人知道是否有任何師父在任何人死後幫助他們，因為沒人回來證明。

我不想在死後幫助你。我要現在幫助你。

如果我現在不能幫助你，我怎麼能在死後幫助你？

當你還活著時，就應該被改變。當你充滿能量、還年輕時，你應該把你的青春和能量用來轉變你自己。

我的幫助是隨手可得的。你甚至不用感激我。事實上，我總是感激任何接受我幫助的人。因為我知道他可以拒絕，但他沒有。

幫助你是我的喜悅。我因此感到喜樂。我幫助越多人，我就感到越喜樂。那就是喜樂的特質：分享它，它就會成長；停止分享它，它就會開始死亡。

所以記住，沒有任何矛盾；它是完全一致的。你是靠自己的腳、你自己的能量移動，你必須用自己的眼睛看，你必須用自己的存在去經驗。但莫大的幫助仍可以提供給你，因為有這麼多條不知會通往哪兒的路。

必須選擇正確的路。

即使走在正確的路上，也會有很多危險，人們會卡在某些地方。需要走過那條路的人、對那條路非常清楚的人、知道會有什麼危險的人，因為他已經墮落過又爬起來過很多次。他知道障礙在哪，因為他跌倒過。他已經努力了很多世，最後終於到達了。某個走過那條路的人可以有很大的幫助，一個人不該因為接受任何幫助而感到羞恥。他應該是謙虛的、準備好的、敞開的。

不要限制是某個人，最好是接受世界上所有智者的幫助——活著的和死掉的。他們都象徵了同樣的真理，因為真理並沒有很多種，只會有一種。

有數千隻手指指向同樣的月亮。你不該依戀手指，因為手指不是月亮。你應該忘掉手指，看著月亮，朝著月亮前進。

奧修，神秘家談到了真正的意識，以及沒有二的「一」。然而，知道、想像、語言、經驗的基礎卻是二分性——至少要有主體和客體的分別。從邏輯的觀點來看，純粹的意識不會是無意識。可否請你評論？

邏輯基本上是二分性的。存在是非二分性的。所以你必須先了解：邏輯和存在是完全相反的。例如，對邏輯而言，黑暗和光明是存在的。但對存在而言，那是同樣的能量——只是程度不同。

有的動物在夜晚才看得見。我們的晚上是牠們的白天，我們的白天是牠們的晚上。牠們的眼睛是非常敏感的。對牠們脆弱的眼睛而言，日光是炫目的，牠們無法睜開眼睛。所以白天牠們活在黑暗中，牠們只能在晚上睜開眼睛。牠們的眼睛非常敏感，以致於可以看到你看不到的東西。

光明和黑暗不是對立的，而是同一股能量的兩極——不同程度。邏輯上，它們是對立的。邏輯上，光就是光，永遠不可能是黑暗，黑暗就是黑暗，永遠不可能是光。

用邏輯的術語來說，A一直是A，B一直是B，B永遠不會是A。但在存在中，邏輯是不適用的。

在存在中，A可以變成B，因為A和B的差別只是程度的不同。在存在中，生命可以變成死亡。我們每天都看到——生命變成死亡，它的對立方。那些有意識的死的人還知道一個我們不了解的：他們看到死亡變成新的生命。

所以不止生命變成死亡，死亡也不斷變成生命。它們不是不同的，只是一股能量的兩極。

邏輯上，神秘家談論沒有二的一的經驗——那個絕對的、最終的——只存在純粹的意識，但那不是意識到任何東西：沒有客體，只有意識。邏輯上，所有神秘家都是錯的，因為除非有客體才會有意識，因為意識是主體。沒有客體就無法有主體。知識的存在是因為某個東西會被知道。如果沒有任何東西會被知道，那你知道什麼？

如果只有意識存在，如神秘家說的，沒別的了。邏輯不會同意——邏輯上，在那個狀態中，意識無法存在，它需要某個東西去意識到。如果沒有可以被意識的東西，那你會變成無意識的，你不會單獨是有意識的。

但邏輯不是存在。神秘家說的是對的。誰在乎邏輯？邏輯是人造的東西。

例如，亞里斯多德是西方邏輯學之父，兩千年來，他一直沒被挑戰。但最近這五十年，他不斷被質疑是錯的，一個新邏輯，非亞里斯多德學派出現了。現正在西方發生中，但在東方，那在亞里斯多德出生前就發生過了。

亞里斯多德只知道二：光明和黑暗，生和死，主體和客體。

某個早上，有個人問佛陀：「神存在嗎？」

佛陀看了他後說：「不存在。」

就在同一天下午，另一個人問：「神存在嗎？」

佛陀看了他後說：「神存在。」

然後同一天晚上，當太陽落下，第三個人來了，觸碰了佛陀的腳並問：「請告訴我一些神的事。」

佛陀保持沉默，閉上眼睛。

發問者也閉上眼睛。他想：「也許這就是答案。」他閉上眼睛，和佛陀坐在一起。半小時後，他張開眼睛並觸碰了佛陀的腳說：「感謝您的答案。」

阿難，最親近佛陀的弟子，一直隨侍在旁——你可以了解他會發瘋…佛陀對一個人說：「不存在。」對另一個人說：「存在。」對第三個人，他則沒說半句話。而第三個人說：「我很感謝，我得到答案了。」

他在等待，因為佛陀說：「當別人講話時不能插話…除非晚上，如果你那時還有問題。」

當每個人都離開後，佛陀正要入睡，阿難說：「我今天遇到一個問題。和我無關，是你造成的。我睡不著，除非你解釋清楚。你對一個人說神不存在，對另一個人說神存在，對第三個人則保持沉默。你在同一天給了三個答案，同一個問題，天啊！稍微考慮我，一個可憐的人…我聽到這三個答案，我很困惑哪個才是對的。」

佛陀說：「你不該攬上別人的麻煩。那些不是你的問題，你何必擔心？」

但阿難說：「我有耳朵，我能怎麼辦？我會聽到答案。我有眼睛。我看到你安靜的坐了半小時，我聽到那人說他已經得到答案了，但我沒聽到。」

佛陀的邏輯不是二分性的，他的邏輯是三分性的。他說對於任何事，其中一個層面是肯定的，另一個層面是否定的，第三個層面則除了沉默之外，無話可說。

被佛陀回答神不存在的那人是有神論者——他相信神。佛陀看著他說神不存在——他相信神存在。被佛陀回答神存在的那人是無神論者——他不相信神。他對無神論者說神存在。第三個人不是有神論者或無神論者。他只是個求道者；那就是佛陀沉默的原因。第三個人也閉上眼睛保持沉默。在沉默中，某個東西被傳達了。

就阿難而言，佛陀一句話都沒說，但那個和佛陀同樣沉默的人了解了。某件事發生在他身上，他在那個寧靜中經驗到某個無法被表達的。

佛陀有一個三分性的邏輯，而馬哈維亞有一個七分性的邏輯。他是更令人困惑的，因為每個問題有七個答案⋯而這兩人都比亞里斯多德早五百年出生。

最近在西方，他們開始懷疑亞里斯多德的邏輯。存在是更巨大的；你不能只是把它分成兩者。它太巨大了，它需要更多。這個區分太單純了——過分單純了。

馬哈維亞分成七個，就像光線被分成七種顏色，變成了彩虹。奇怪的是，彩虹的七種顏色放在一起就產生了不是顏色的顏色，白色。

白色不是顏色，白色只是七種顏色的結合。它不是獨自存在的。黑色也不是顏色。它是沒有這七種顏色時的狀態。存在是巨大的。七種顏色還有這兩個。一個是七種顏色的結合，一個是沒有七種顏色時的狀態。所以有九個顏色。然而它們因為同樣的日光產生。同樣的光線被分成九份。

亞里斯多德的邏輯是適合小孩的、幼稚園用的；否則那沒什麼重要性。存在是如此浩瀚以致於只有寧靜可以表達它。神秘家透過寧靜來談話——那是他們的慈悲。因為你無法了解寧靜，他們必須使用語言。

當他們使用語言時就犯了一個錯，因為語言是邏輯的。語言是二分性的，它必須透過區分而存在。

如果有人問光是什麼，你可以說它不是黑暗。如果某人問黑暗是什麼，你可以說它不是光。

你需要另一方來定義。沒有另一方，你甚至不能說「光」，你甚至不能使用這個字。一旦你使用這個字，你就落入二分性的世界。

所以神秘家基本的表達方式是寧靜，但因為人們無法了解寧靜以致於他必須說話，但這樣他說的任何話都會是錯的。如果他說：「這個經驗屬於純粹的意識，」邏輯上可以證明他是錯的，因為只有意識，沒有任何客體，邏輯上是不可能的。但邏輯上不可能的事，對存在而言不是不可能的。那就是哲學家和神秘家不同的地方。

哲學家仍然待在邏輯和語言的世界，神秘家則進入寧靜的世界中。所以那不是他的錯，是我們的錯。我們使他不得不說話。我們要求他談論最終的經驗。

唯一正確的方式就是不說話。但這樣神秘家似乎就太殘酷——他對你沒有任何慈悲心。你來問些東西，而他沒回答。你認為每個問題都是可以回答的嗎？不，關於最終經驗的問題是無法回答的。那些可以回答的就不是最終的。

所以問題是，其中一個世界上最聰明的邏輯學家，維特根斯坦，他說：「那個不能說出來的就不該被說出來。」他同意有些東西是無法被說出來的。他的論點是它不該被說出來。一方面，你說那不能說出來，另一方面，你持續談論關於它的事。但無論你說了什麼都會是錯的。

當佛陀成道後，有七天保持沉默。他想不出來要如何談論它——沒辦法。他試了很多方式，但每個方式都證明是錯誤的。

當你把它帶到語言的層次，某個部分突然就出錯了。就像你把一根棍子放入水中。一半露在外面，你會驚訝。棍子是筆直的，但水中的棍子和水上的棍子並不是一直線的。光在水中的折射率和空氣中的折射率不同。所以筆直的棍子看起來會是彎曲的。把它拿出來就是筆直的。放到水中，它突然就不是筆直的。

在寧靜中完全清楚的東西，一旦把語言帶入，它就被扭曲了。

七天後，天堂裡的神變得很不安，這個故事是非常重要的。那只是個象徵性的故事——

不要把它當成真的。沒有天堂，沒有任何神⋯⋯

天堂裡的神變得很不安，因為過了好幾世紀才有人覺醒、成佛。對整個存在而言，這是個聆聽他談論最高峰經驗的好機會：「這個人成道了，存在等了七天，但他似乎不打算講話。我們必須說服他說話。」

他們和佛陀辯論。佛陀說：「我想了各種可能的方式，但當我一說出來，它就不再是我經驗到的真理。在邏輯上是可被駁倒的，但我的經驗是無法被駁倒的。我不能讓無法駁倒的真理貶成可駁倒的。」

諸神持續辯論——這個論點，那個論點。最後，他們說：「想想那少數人——也許只有百分之一——可以透過文字了解到無法形容的經驗。你不能否認有少數人就在邊緣——他們需要被推一下。你的文字也許可以推他們一把，讓他們縱身一躍。如果你不說話，那顯得你的心是殘酷的；不是慈悲的。不要擔心邏輯學家，你應該想想那些有潛力的神秘家。你應該為他們說話。」

這個論點打動了佛陀。他無法否認有些人也許可以做最後一躍，可以被鼓舞和激勵，可以被說服不要在黑暗中爬行。有人已經抵達了：「如果有人已經抵達了，那我們也可以抵達。」

佛陀同意了：「我會說話，但你們讓我陷入麻煩，因為無論我說了什麼，都是可以被駁倒的。」

透過語言，你無法說出任何無法被駁倒的，特別是關於無法形容的經驗，它總是透過非邏輯的方式說出來。有少數神秘家說出來——那是單手的拍掌聲。一隻手無法拍掌。即使它拍了也不會有任何聲音。聲音需要兩隻手互相拍擊。但這個經驗就像用單手拍掌，其聲音：可憐的神秘家能怎麼辦？那不只是一個神祕家的經驗。自古以來，任何經驗到真理的人都有同樣的問題，那是無法說出來的。

老子在中國經驗到它。他從未談論它；他談論其他事情。他的弟子不斷問他：「你為什麼不告訴我們那些真實的？」

他會說：「談論它就是背叛這個經驗。」

他們要他為了後代寫下來。老子說：「不可能，它無法被寫出來。」

當他八十歲時，開始前往喜馬拉雅山，因為他想要死在喜馬拉雅山的寧靜中——最後一刻待在喜馬拉雅山的純淨世界。

中國皇帝命令邊界的守衛：「老子會經過。攔住他。除非他寫出他的經驗，否則不要讓他離開。那個經驗對接下來的幾百年是重要的；否則後人不會原諒我們。」

可憐的老子被擋在門口。守衛非常尊敬的觸碰他的腳說：「我們不能允許你：這是我們提供的小屋，你可以住在裡面，寫下你的經驗。」

他在三天內寫了一本小書。書的第一句是：「可以被寫下來的就不是真實的。當你讀這本書時，請記住。」

不能責怪神秘家。邏輯學家和語言學家必須了解存在是遠超過語言和邏輯所能表達的，有些經驗是不能被貶成辯論的。

所以我完全同意你。就邏輯而言，所有神秘家都是錯的。但神秘家說就邏輯而言，我們說的任何話都是錯的。我們的經驗是超越邏輯和語言的。如果你真的想了解它，你必須去經驗它，沒有任何解釋會是對的。

每個神祕家都很清楚他的經驗是超越二分性的。那就是所謂的經驗——無法對它做什麼。

我要告訴你，你可以把它稱為純粹的意識，純粹的無意識。不會有任何差異，因為純粹的意識也需要客體，無意識也需要客體。你會被問：「你沒有意識到什麼？」或「你意識到什麼？」？

無意識或意識無法單獨存在。但這只是語言遊戲。在存在中，它們是單獨存在的。我要根據自己的經驗說，不要聽從文字，要聽從寧靜。

西藏有一句諺語，當音樂家達到完美的狀態，他會把樂器摔壞並扔掉。每當有人達到完美的狀態，就不能再透過任何樂器展現，因為樂器的意思是表達。

當音樂家變成完美的，他就不能再使用任何樂器——任何樂器都是沒有用的。只有不完美的音樂可以被演奏。只有近似的真理可以被表達。但記住，近似的真理是謊言的另一個名字。我不想說神祕家說謊，所以我說他們說的是近似的真理。

間。

但真理仍是超越表達的。

如果你跟隨哲學的方式，你會遠離存在，成為邏輯的。你的語言會是完美的，但你的存在會是零。如果你跟隨神秘家，你的經驗會是充滿的，非常充滿以致於沒有可以談論它的空間。

我想到童年⋯我家對面住了一個很美的老好人。他有一個小甜食店，他是非常單純美麗的人，欺騙他是世界上最容易的事。不只一次⋯同樣的騙局可以一直用，他不會知道。

我常去找他：「你妻子打電話來。」他有點重聽，所以必須用喊的。我大喊：「你妻子打電話來。」

他會說：「你在這兒等著，看好我的店。」等他回來，我已經吃了很多甜食。

而且常常事情進行到一半⋯當我嘴巴還塞滿甜食時，他回來了！他會說：「她沒打來。你為什麼騙我？你為什麼現在不說話？」

我必須用手遮住嘴巴，因為嘴巴塞滿了甜食，沒辦法說話。而且那也不是說話的時候！

他會說：「你是個奇怪的男孩。毫無原因的突然出現說我妻子打電話來——而且總是假的。當我回來後，你又站著不講話，幾乎像是聖人，但你是個搗蛋鬼！」

但我必須沉默，因為說話就會揭穿整個遊戲。連我父母也試著阻止我：「這是不對的。我們已經看你做了很多次，那個人很單純，即使抓到你現行犯，他仍以為你是怪小孩，因為你不講話。」

所有鄰居都知道我為什麼不講話⋯⋯！

有一種充滿是無法被容納在任何文字裡的。所有文字都失敗了。那個充滿只能被經驗。那由你決定是要跟隨邏輯、永遠保持空虛，或者跟隨存在，透過可以使人類意識經驗到的狂喜和祝福而變成充滿的。

但不要混合兩者，否則你會困惑。就如同你無法混合水和油，你也不能混合哲學和神秘學。那就是每天世界上無數的書所發生的情況。把水和油混合——你無法這麼做，你不該這麼做；那是褻瀆神的。

你可以選擇其中一個方式，但記住：邏輯學家以乞丐告終；神秘家活的時候像是皇帝，死的時候也像是皇帝。雖然他不能說他得到什麼，但他得到了！誰在乎你能不能說？重要的是得到了。

邏輯學家是非常擅長談話的，但所有他說的都是無意義的、空洞的，因為他沒經驗。這是奇怪的情況：那些可以說的人沒有什麼可以說，那些會說話的人則沒有說的資格。

但我的情況是完全不同的。我是一個訓練過的邏輯學家。我曾經當了九年的哲學教授，發現到裡面除了文字之外沒有任何東西，於是我進入了神秘學的世界。我在那兒發現到所有哲學和邏輯學文獻失去的。但現在不可能談論它了。但我仍然說話，希望某個人可能會被文字的羅網捕住，也許會把他拉出使他淹沒的痛苦。文字可以做這麼多。它們可以把你拉離邏輯、語言和哲學的世界。那也是很棒的。一半的工作完成了，剩下的可以用靜心完成。

使用邏輯摧毀邏輯。當你摧毀了頭腦裡的邏輯和語言，接著利用靜心邀請寧靜。然後每個片刻都會變成非常美麗的、狂喜的，然後一個人就不會在乎是否可以談論它。但一個人隨時都可以指出它！

那就是我在做的：我不能談論它，但可以指出它。

奧修，你有什麼訊息要傳達給現在在印度的教皇？

印度教徒反對教皇是完全錯誤的，因為這不是東方的方式。這是醜陋的。應該用東方的方式對待他。應該用友善的方式邀請他到公開場合辯論。印度教不會失去任何東西；他們的宗教是更豐富的。教皇是貧乏的。不值得去反對他。揭穿他，而不是反對他。

而且基督教是三流的宗教。沒達到過高峰，沒有產生過任何偉大的神秘家和哲學家。它的遺產是非常少的。

在教皇會去訪問的每個地方，尊敬的、帶著愛邀請他參加公開辯論。這裡有印度教的思想家和神秘家、佛教的神秘家、耆那教的神秘家。他們應該就宗教的每個根本教義舉行一個公開辯論。那會是有意義的，會讓他嚐到真正的宗教。現在他嚐到的只有牛糞！

當他親吻印度的機場地面，你覺得他嚐到了什麼？讓他有這個感受不太好；這樣不對。我們應該讓他嚐到真正的神聖。

我反對印度教的敵對態度。那完全是醜陋的、非東方的。

那就是他們在美國對我做的。政府騷擾我只是因為基督教的壓力——教皇的勢力介入，因為雷根就在我被捕前幾天和教皇見面。他才剛從梵諦岡回來。

很可能是教皇建議把我驅離美國，應該完全摧毀我的社區，因為這是首次有一個來自東方的人帶走這麼多基督教徒離開他們的教會。特別是聰明的、年輕的、有教養的、專業的人⋯教授、醫生、科學家、電子工程師、諾貝爾獎得主、藝術家、音樂家⋯

而基督教在東方做了什麼？傳教士只會轉變乞丐和土著的信仰。沒有一個是有教養的、富有的人。

所以那對他們是很大的打擊，我取走了他們的精華。

他們非法逮捕我，非法的摧毀社區，非法的虐待數千個桑雅士，把他們驅離美國。

我懷疑教皇有介入是因為當他聽到我要去義大利，他立刻通知所有天主教媒體。在義大利，所有媒體都被天主教控制。其中一個天主教記者通知了我——因為他愛我——所有天主教媒體都收到教皇的指示，不能為我宣傳。「不只不能正面宣傳，甚至不能負面的宣傳。甚至不要反對他；不要提到他。不要寫任何關於他的新聞——彷彿他不在這兒。」

當我在監牢裡，他沒有膽量對美國政府說這不是對待某個不屬於你們宗教並反對它的人的正確方式。但我要對印度的印度教徒說，不要犯他們在西方犯的同樣錯誤。

你們應該邀請他，不用害怕，因為你們擁有這麼豐富的智慧源頭，相比之下，基督教什麼都沒有。而且你們用有智慧的方式揭穿教皇會是好的，無論他到什麼地方。讓人們聽見。讓印度教徒聽見，讓基督教徒聽見。應該讓那些變成基督教徒的人知道有什麼是他們沒發覺的，而且基督教裡面什麼都沒有。

但他們反對的方式是盲目的、暴力的，那對他們沒幫助。那會對教皇和他的傳教士有幫助。

你必須了解頭腦的狡猾和它是如何運作的。醜陋的敵對方式只會創造同情。對於宗教的根本教義進行辯論將會使他害怕再來到東方，因為他必須面對巨人，而不是世界上的流氓。

我沒看到任何宗教可以和印度的宗教相比。印度所有的天才都投入到宗教中，就如同西方的天才都投入到科學中。

所以這些侏儒沒什麼可以辯論的。他們無法為自己的思想體系和宗教辯論——他們也不是真正的宗教人士。特別是教皇，他是個政客。

神秘家不會想要擔任政府首長。教皇不只是天主教的領導，也是一個小國的領導——梵諦岡。只有八英哩，但是個獨立的國家，那是個策略。因為這樣，當他來印度，總理和首相就得接見他。他們不是接見天主教教皇，而是接見一國的領導。他們必須接見，那只是政治禮儀。

但教皇用狡猾的方式利用這個方便。這些政客——印度總理或首相——不會接見一個商羯羅，特別是現在，不會接見達賴喇嘛。當他是一國領導時，他們會接見，但現在他只是個流亡者。

但為什麼不讓達賴喇嘛和教皇辯論？那會產生一個世界性的衝擊。雖然教皇通知義大利的媒體不要宣傳任何關於我的事——負面或正面——有一個義大利的電視台來到這，做了一個半小時的訪問，並在上個月的二十七日播放了。有一千三百萬人在看這個節目。那個節目的導播告訴我，這是首次有一個節目被一千三百萬人收看。現在全國都熱烈的討論著：「有一半支持你，一半反對你，全國都在討論一件事——讓那個節目重播。」

我會前往。他們擋住護照申請已經快一個月。他們每天都在拖延，這一定是教皇的指示。但我仍然不會說不該讓他進入印度、尼泊爾或任何地方，無論他到哪兒，都該歡迎他，讓他說話，邀請他辯論。

東方是非常富有的。我們已經盡可能精煉了整個東方的過去和關於靈性的一切，非常詳盡的。沒有其他工作要做了。我們已經磨銳了每個邏輯和哲學方法。沒什麼好害怕的。

這才是阻止這些人的正確作法——不是擋住他們的護照或新聞媒體、避免人們接觸、在他們經過的路上對他們丟石頭…這是醜陋的。

我完全反對印度教徒對教皇做的一切。我要他被像客人一樣對待，但他應該清楚表示他沒有什麼東西可以教導東方。如果他想要來東方，他必須來這兒是為了學習。那會幫助基督教徒了解到他們犯了什麼樣的錯，放棄美麗的哲學和偉大的宗教，而進入非常三流的、沒有任何基礎的宗教體系。應該很有創意的利用教皇的來訪。

但現在發生的，只會變成對印度教的譴責，造成對教皇的同情，但他不值得。

奧修，祈禱是什麼？

這是非常重要的問題，因為我沒有神，但是在我的洞見和方法中，仍然為祈禱留有一些空間。

祈禱通常是對神做的。我不認為那是正確的祈禱，因為那是根據一個信念。你對神一無所知，你只是聽過祂。而你是從某個聽過祂的人那兒聽到。那只是道聽塗說。你怎麼能愛某個不知道是否存在的？

祈禱是愛、感激、感謝。

我的桑雅士可以對存在祈禱。對著日出或日落、充滿星星的天空、大地、山峰、河流……他們可以對這個存在祈禱，那會是他們的經驗。這不是信念，我們是它的一部份。

現在除非你的生命變得非常美麗和喜樂以致於你對存在很感激，祈禱才會發生。所以祈禱不適合每個人，只適合那些成功的處於靜心狀態的人。這是靜心中的最後一句話。

當你知道存在的寧靜，經驗到生命本身，當你經驗到那個無法言語的，淹沒在靜心裡面的祝福，最後一句話會是無法形容的感激。

那必須是屬於心的。你不用說任何話，因為在這樣的片刻中，無論你說了什麼都會是干擾。那必須單純是屬於心的。

你的心應該是充滿感激的——「存在一直對我很慈悲，讓我脫離苦痛，經驗到意識的最終狀態，我感激它的慈悲。沒有它的幫助，我就不可能單獨到達這個美麗的空間。」

所以只有靜心者才可能祈禱——當他們成功的處於靜心中。那是對存在的感激。

關於靜心村

奧修國際靜心村

位置：位於距離印度孟買東南方一百哩外的普那市，奧修國際靜心村是一個與眾不同的假日勝地。靜心村座落在一個樹木林立的高級住宅區內，是一個擁有四十英畝大的壯麗園區。

獨特性：靜心村每年招待來自一百多個國家的數千位遊客。獨特的園區提供機會使每個人可以直接體驗一種全新的生活方式－帶著更多的覺知、放鬆、慶祝和創造性。全年提供不同的服務項目，以及每日的不同課程選擇。其中一個選擇是什麼事都不做，只要放鬆！

所有課程都是依照奧修對於「左巴 佛陀」的見解－一種不同品質的新人類，能同時過著創造性的日常生活，及放鬆在寧靜和靜心中。

靜心：每日的靜心行程表，針對每個人提供不同的靜心課程，被動的和主動的，傳統的和革命性的，特別是奧修動態靜心，它是在奧修大禮堂－全球最大的靜心大廳中進行。

多元大學：針對個人的講習、授課和討論會涵蓋了創造性藝術、整全健康、私人轉變、關係和生活變化、工作靜心、奧秘科學，以及用於運動和娛樂的「禪」的方法。多元大學成功的秘密在於所有課程都和靜心緊密的結合，人們可以了解到人類是整體的，而不是部份的。

芭蕉Spa：舒適的芭蕉Spa讓人們可以在圍繞著蒼翠樹木的露天場所下悠閒地游泳。獨特的風格、寬敞的浴池、桑拿、體育館和網球場…令人驚歎的設計更是提升了它們的美感。

飲食：各種不同的用餐區提供美味的西方、亞洲和印度素食－為了靜心村，它們大部分是透過有機種植而得。麵包和甜點則是在靜心村內自有的麵包坊進行烘烤而成。

夜晚的生活：多種晚間節目可供選擇－跳舞是其中的首選！其他活動包括星辰下的滿月靜心、各種表演、音樂演奏和每日靜心。

或者你可以只是在廣場咖啡廳裡享受和人們的聚會，或者在寂靜的夜晚漫步在童話故事般的花園中。

設施：你可以在購物廳購買生活所需的日常用品和化妝品。媒體廳則販賣各種奧修影音產品。還有銀行、旅行服務處和園區網咖。對於那些喜愛購物的人，普那提供了各種選擇，包括從傳統的印度民俗產品到全球知名品牌的商店。

住宿：你可以選擇住在奧修招待所裡的高雅客房，也可以選擇長期住宿的套裝居住行程。此外，附近還有各種不同的飯店和公寓可供選擇。

更多資訊請瀏覽www.osho.com/meditationresort

關於作者

奧修反對分門別類。他的數千種談論涵蓋了一切，包括個人詢問的問題，以及現今社會當務之急所面對的社會和政治議題。奧修的書不是書面文字的，而是根據他對國際聽眾所作的即席演講的影音紀錄所謄寫而成。如他所說：「所以記住：無論我說了什麼，那不只是針對你…我也是為了未來的一代而談。」倫敦周日時報說奧修是「創造二十世紀的一千個人」的其中一位，美國作家湯姆羅賓斯說奧修是「自從耶穌基督之後最危險的人」。印度周日午報說奧修是和－甘地、尼赫魯、佛陀－等十個改變印度命運的人。關於他的工作，奧修說他是在幫助創造一個誕生出新人類的環境。他常將這樣的新人類稱為「左巴佛陀」－可以同時是享受娛樂的希臘左巴和寂靜的喬達摩佛。如同一條聯繫著奧修各種書籍和靜心的線運作著，包含了過去各時代的永恆智慧以及現代（和未來）潛力無窮的科學和技術。奧修為人所知的是他對於內在轉變的科學的革命性貢獻，以及用於現代快速的生活步調的靜心方法。他獨特的奧修動態靜心設計，讓人先釋放出身體和頭腦累積的壓力，以便更容易在日常生活中體驗到寂靜以及無念的放鬆。

關於作者，有兩本自傳作品可以購買：奧修自傳：叛逆的靈魂，〔繁體中文／除大陸外，全球販售〕；金色童年，〔繁體中文／除大陸外，全球販售〕。

劍與蓮花(上) / 奧修(OSHO)著；李奕廷譯. -- 初版. -- 臺北市：
旗開, 2017.08-
冊；　公分
譯自：The Sword and the Lotus Vol.1
ISBN 978-986-89034-6-3(上冊：平裝)

1.靈修

192.1　　106011624

欲了解更多資訊請瀏覽
www.OSHO.com

這是一個綜合性的多語網站，包括雜誌、奧修書籍、奧修演講的影音產品、英語及印度語的奧修圖書館資料文獻，以及關於奧修靜心的各種資訊。您也可以在這兒查詢奧修多元大學的課程表以及奧修國際靜心村的相關資訊。

相關網站：

http://OSHO.com/resort
http://OSHO.com/AllAboutOSHO
http://OSHO.com/shop
http://www.youtube.com/OSHO
http://www.oshobytes.blogspot.com
http://www.Twitter.com/OSHOtimes
http://www.facebook.com/pages/OSHO.International
http://www.flickr.com/photos/oshointernational

您可透過下列方式聯繫奧修國際基金會：

www.osho.com/oshointernational,

oshointernational@ oshointernational.com

劍與蓮花（上）

原著：The Sword and the Lotus Vol.1
作者：奧修 (OSHO)
譯者：李奕廷 (Vivek)
發行：李奕廷
出版：旗開出版社
電話：(02)26323563
網址：www.flag-publishing.com.tw
電子信箱：flag.publish@msa.hinet.net
地址：台北市信義區松德路12號6樓
統編：31855902
匯款訂購：第一銀行007　帳號：158-10-012620 戶名：旗開出版社

經銷：紅螞蟻圖書有限公司
地址：臺北市內湖區舊宗路二段121巷19號
電話：(02)27953656

初版：2017年8月
定價：350元

ISBN 978-986-89034-6-3